JN102955

学習集団研究の現在　Vol.4

授業研究を軸とした学習集団による学校づくり

目　　次

第3部　学習集団研究の最前線

序　授業研究を軸とした学習集団による学校づくりが提起する三つの視点

　本書『学習集団研究の現在Vol.4　授業研究を軸とした学習集団による学校づくり』は、学習集団の視点から見た「学校論」の展望と課題に関する考察を第一部におさめ、授業研究を軸とした学校づくりの実践とその解説を小学校・中学校・高等学校の学校段階に即して第二部にまとめ、「批判理論」と「体育科教育」を視点とした論考および研究者と実践家による共同的な授業研究の中長期的な取組の成果をまとめた論考を第三部に集録して構成されている。「授業研究」・「学習集団」・「学校づくり」をキーワードとしながらも、そこで取り上げられる内容はいずれも原理的・原点的かつ現代的な課題に触れるものである。ここでは、その課題を三つの視点で提示し、本書の視角を据えたい。

　第一に、学校と地域／社会とを同心円的な集団的構造で捉えるという点である。いうまでもなく近年、「社会に開かれた教育課程」や「地域と学校との協働」、あるいは学校運営協議会（を設置するコミュニティー・スクール）や多様な地域のアクターとの協働によって、学校と地域／社会との越境のあり方が模索されている。この地域／社会と学校というテーマは、山本論文（以下、本書に収められている論考に言及する際には「○○論文」として表記し、共著の論考の場合にも著者名にて記す）において指摘されているとおり、学習権保障のための学習集団づくりの原点である。すなわち、「授業に集中的に表現された差別という社会的・地域的課題を授業の中で子どもたちが自ら克服する集団が学習集団である」（山本論文、6-7頁）。和歌山の高等学校の実践に即して書かれた金山論文において、「生徒のせいにしない」・「安心感をもてるように生徒と接する」・「生徒一人一人をしっかりと見取る」（102頁）ことが意識されるのは、社会的・地域的課題を子どもたちが自ら克服するための集団を授業を通じて育成しようとするためである。

　戦後日本の課題が凝縮されていた広島県北部の地域実態から、学習集団づくりが立ち上がってきたことは山本論文や松田論文でも指摘されているが、「学習集団研究を、教室や学校という社会システムに閉じることなく、より広い『社会的なもの』にどのように開いていくことができるのかという課題」

（松田論文、142-143頁）に論究しようとしているのが本書である。田代論文において、「地域課題の解決を基盤におくカリキュラム構成上の大きな枠組みとして、『地域を学ぶ』（小低・小中）」⇔『地域から学ぶ』（小中・小高）⇔『地域を創る』（小高・中・高）という、地域を核にした学びの発展プロセス」（田代論文、41-42頁）が構想されることも、教室・学級・学校に学習集団研究を閉じずに、学校段階・学校種を超えて地域／社会に教育を開いていく一つの試みとして位置づけられよう。

　地域と学校の協働による多様な教育実践の蓄積の中で、学習集団研究および学習集団づくりの特徴として指摘しておくべき点は、学習権を保障するという思想と学習集団の指導技術とを切り離さないことにある。学習集団づくりの思想とその指導技術とを切り離さないために取り組んできたことが、実践を創造し、それを分析・解釈し、批判にさらしながら記録として綴ってきた一連の「授業研究」の営みである。

　第二に、授業研究を軸とした文化づくりとしての学校づくりという点である。松尾論文においても言及されているとおり、日本の授業研究はレッスン・スタディ（Lesson Study）として世界的に展開されてきている。レッスン・スタディの世界的展開の中で注目されているのは、子どもたちにとっての学びの共同体（learning community）だけではなく、専門職としての学びの共同体（professional learning community）といった教職員の学びの共同体の形成である。学習集団研究および学習集団づくりは、「子ども中心のネットワーク」（長澤論文、23-24頁）によって学習主体・権利主体としての子どもを組織する集団指導の技術を蓄積してきた。こうした蓄積は、校長としての実践をまとめた早田論文における「キーワード」（早田論文、72頁）、あるいは相川論文における「授業分析の三視点」（相川論文、86頁）のように、具体的な実践を構想し、それを分析・解釈する「概念」に集約されてきた。すなわち、「学習集団づくりの授業研究で語られる概念は、教育実践の事実が『見えてくる』装置であり、教育実践を「つくり出す」仕掛け」（竹内論文、131頁）でもある。金山論文において提起される校内研究体制の脱構築の取組はまさに、この実践を見る⇔つくる試みとして捉えることができるだろう。また、「予想される生徒の反応を想定して指導過程を組む」（相川論文、87頁）ことはそのための一つ

の仕掛けであり、その授業の過程が記録とともに分析・解釈されていくことで次の実践を構想する営みが、「授業研究の文化づくり」（松尾論文、110頁）であり、「授業づくりを要とした学校の文化づくり」（小柳論文、37頁）である。

　こうした学校における授業研究の営みを支える「授業づくりのための解釈共同体」（藤原論文、124頁）は、学校内の授業研究および校内研究体制にのみ閉じるものではない。加登本論文で論究されるとおり、民間教育研究団体における授業研究、とりわけ教科教育学と一般教育学との接点として営まれる「『わかること』と『生きること』の統一を目指す『学習集団づくり』という営み」（加登本論文、152論文）は、学校・教室・学級における教育実践を「社会的なもの」に開いていく研究実践へと架橋させるものである。また、「お互いを認め合い、お互いに無関心でない集団」（松浦論文、126頁）に向けた実践が提起する概念は、授業者と参観者との間だけではなく、参観者と参観者との間にも開かれている（竹内論文、130頁参照）。すなわち、直接的な授業の改善に向かうことはなくとも、「授業とは何か」・「教育とは何か」「生きるとは何か」といった思想の形成から具体的な技術を紡ぎ出す概念を提起することも、文化づくりとしての授業研究の重要な営みである。むろん、樋口論文で指摘されているとおり、学習集団研究・学習集団づくりと学校づくり論＝学校経営論との関係をより精緻に検討するという課題や、キーワードに集訳される学習集団づくりの概念が「キーワード化」することによる実践の「スタンダード化」への危惧は、授業研究と学校づくりとの関係を文化づくりの実践的模索だと短絡することの留保として受け止める必要があるだろう。

　第三に、「教える─学ぶ」の関係性を教授学的に探究するという点である。学習集団づくりは、子どもの「わからない」をわかる権利の主張だと捉え、わからないという抵抗やわかりたいという要求をその基底に据えてきた。金山論文において数学が「できない」生徒を見捨てることなく、その困難や背景に寄り添い、社会とつながる授業づくりが構想されているのは、「学びの過程における自己疎外」と「学びをとおした自己疎外」（佐藤論文、145-146頁）の問題が暗に意識されているからであろう。子ども一人ひとりへの丁寧な寄り添いや言葉かけが、「わからない」や「つまずき」を抱える子どもの「参加」を促すだけではなく、その子どもの「周りの子ども」の参加を促す学習集団

づくりとなっていることが阿蘇論文で指摘される。さらに樋口論文では、わからないことにくらいつき、さらにわからないことへと学びを続ける教師の姿を早田実践に即して取り上げている。この教えるという行為＝教授と学ぶという行為＝学習とを同時相即的かつ矛盾をはらんだ過程的関係として捉えることが授業づくりと集団づくりの原動力になるとする捉え方が、「教授＝学習過程を弁証法的に捉えること」（谷口論文、59頁）である。

　小柳論文が取り上げるICT活用の教育政策の動向や、長澤論文が取り上げる教師の働き方改革の動向の中で、学習集団づくりは子どもだけではなく大人・教師の「わからない」や「わかりたい」に授業研究を通していかに寄り添うことができるかが、本書で提起される重要な課題である。その課題に応える視点として、谷口論文では「子どもの『学び』を成立させた、あるいは成立させなかった教授行為と関連づけて学習活動を検討することが、教師の『学び』にもなることを学習集団研究は明らかにしてきた」（谷口論文、59頁）ことが指摘され、山本論文では教授優位ではない子どもの集団・学習を中心とした教授と学習の統一の再定義の必要性が提起され、竹内論文では教師と子どもの関係性を捉え直す視点が授業の事後検討会において参加者の多様な議論の中から紡がれていることが言及されている。「予定通りに進まない」予期しない事態へ対応していくからこそ、子どもの「経験そのもの」につながること（深澤論文、98頁）、さらに子どもの経験そのものにつながるような大人・教師の「経験そのもの」を「イメージの画廊」として記憶していくこと（相川論文、84頁）が、「教える―学ぶ」の関係性を教授学的に探究する学習集団づくりの授業研究のあり方ではないだろうか。

　授業研究と学校づくりというテーマは、今日の教育界の重要なトレンドの一つであるとともに、学習集団研究が長年にわたって取り組んできたテーマであるものの、実はこれまで明示的にその意義や課題を掘り下げてこなかったテーマでもある。編者の視点からその意義と課題を三つの視点から提起してみたが、多様な切り取り方が可能なテーマでもあるだろう。読者諸氏との批判的対話の機会をもつことができれば幸いである。

（吉田　成章）

第1部

学習集団から見た学校論の展望と課題

第1章

現代学校論の展開と学習集団研究の課題

1　学習集団研究の二つの柱

1) 学習集団理論の原点

　学習集団実践のルーツのひとつが1960年代に広島県北部で取り組まれていた同和教育にあることはよく知られている。庄原市教育委員会による『集団の教育』にはこうある。

　「私たちがこうした教育の道すじをさぐりあてた理由は、はっきりいってたったひとつです。それは部落をのこす日本社会を除去するための教育を試みたことなのです。いってみれば、部落に集約するさまざまな差別にきづき、それを許さぬ日本国民の育成の方途を、現にある日本の社会へ、日本の教育へたずねたにすぎません」[1]、と。

　地域住民は「農民たちは協営、協業が、自分たちの豊かな生活を保障してくれるということは、よく知って」はいるが、「お互いがお互いを、ザルドジョウのようにひっぱりあって」いる。教室でも「低位にある子どもたちの願いや要求は、集団がバラバラであればある程無視され」ている。こうした状況認識のもと、山ノ内中学校の教師たちは、「寝た子を起こすな」という感情が支配的な地域の懇談会にでかけ、学校では「差別的境遇にある子どもたちの願いを生かすような集団」の組織化を追究してきた。授業では一人ひとりが「自分で教材へ体当たりすることを」要求し、「つまづいた友だちへの援助」を惜しまず、個々の教材解釈を「集団の広場へ出しあ」って、あやまっていたら「その経路をみんなで考えていく」という授業づくりを研究してきた。これらの取り組みをとおして、「お互いが、お互いをとりこぼさない真剣勝負の授業をすることによってのみ、友情と団結、親愛と発展の仲間づくりが可能」[2]という認識を共有するに至る。授業に集中的に表現された差別とい

う社会的・地域的課題を授業のなかで子どもたちが自ら克服する集団が学習集団である。学習集団づくりが学習権保障の一環であるという共通認識の原点はここにある。

2）学習集団の指導技術

1970年代には学習集団づくりにかかわる基礎理論や指導過程研究がすすみ、吉本均は『学級で教えるということ』（1979年）において、学習集団の指導技術を「応答関係の質的発展」とその指導に関する構想として、①対面する関係の指導、②うなずきあう（首をかしげる）関係の指導、③「わからない」を出すことの指導、④発問（説明・指示）による対立、分化とその指導、⑤「接続詞でかかわり合う」関係の指導と定式化する[3]。それ以降も学習集団の指導技術の研究は進められ、それを学習集団の指導技術と呼ばなくても、一般的な授業づくりの方法として今日でも通用するものになっている。しかしそれは、その技術が学習集団の思想から切り離されれば、教師が準備した「正解」や学習指導要領が想定している「正解」に向けての「自主的」な学習行為の組織化の技術になり、全員参加を保障するための学習規律が全員参加を強制するシステムになり、学習主体の形成とか討論と対話のある集団思考が「主体的・対話的で深い学び」のためのそれにもなる。

川地亜弥子は政策的なトレンドになっている「対話的・協同的な学び」を批判的に検討するなかで、40年前のこの「応答関係の質的発展」を取り上げて「対話的・協同的な学びの可能性が示されている」と今日でも通用する可能性を示唆しつつ、その技術について「多様な子どもたちがいるからこそ、上記のような協同的な学びが成立すること、マイノリティの子どもを排除しないことの重要性が提起されています」[4]と述べて、学習集団論が学習権保障の思想を内に含んでいると言明している。川地の指摘を待つまでもなく、学習集団の指導技術が「20坪の内側」の教育技術になってしまわないためには、学習集団の指導技術と社会的・地域的課題、児童会・生徒会・学級集団の自治、要求と抵抗の組織化、学習権の保障という思想とを切り離してはならない。

ではこの学習権の保障をどう進化させるか。ひとつは社会的課題と切り離さなさずに、マイノリティの子どもたちが「生きさせろ！」と声をあげるこ

とができるような学習集団の組織化である。もうひとつはそのさいの学習についてである。たとえば「やまびこ学校」における学習が、教科書に書いてある村の生活が自分たちの村の生活と異なっていることを問題視することから始まったように、提示された学習内容を権利として疑い、異見をだし、議論し、検討することを含めた学習でなければならない。それを抜きに「生きさせろ！」と声をあげることができるような学習集団を組織することはできない。本稿では後者について論じていく。

2　学級教授組織論の意義と課題

1）学級で共通の学習内容を教えることへの疑い

　学習集団論を支える基礎理論のうちもっとも批判されているのが学級教授組織論である。政策界隈の言葉を使えば「一斉一律の授業」批判である。新しいところでは第5期科学技術基本計画が目指すべき未来社会の姿として提唱したSociety 5.0における学校での学習がそうである。すなわち「一斉一律の授業スタイルの限界から抜け出し、読解力等の基礎的学力を確実に習得させつつ、個人の進度や能力、関心に応じた学びの場」[5]への転換が必要だというのである。同一の学習内容を、同一の進度で、同一の方法で一斉に学ぶのではなくて、一人ひとりが違う内容を、自分のペースで、興味・関心や能力・学力・習熟度に合わせて学ぶ教育組織への転換である。

　こうした主張は、これまでも繰り返し能力別学級、習熟度別学級、コース別編成（発展・課題・補充）などとして提案され部分的には実施されてきたが、教育政策の転換点を意識すれば、1992年に開催された1989年版学習指導要領の講習会（小学校教育課程運営改善講座）資料の以下の記述にまで遡ることができる。これによると、「これまでの学習指導においては、一定の知識や技能を子供たちに共通的に身に付けさせることが教師の役割であるととらえる指導観に立って、学習指導を展開する傾向が強く見られた」とし、今後は「同一教材による一斉授業方式」を「子供一人一人が自らの課題を見付け、それを追究し解決することができるようにする観点から工夫する」[6]（下線は筆者による）方式に転換するというのである。

　今日の個性化・個別化・個別最適化とは共通の学習内容の保障の放棄だと

いうことがよくわかる。決まった「正解」を強制する授業やその修得度で序
列化する評価への感情的反発を利用かつ動員し、共通の学習内容の保障を、
「同じ学習内容を強制」する一斉・画一教授批判へとすり替えたのである。「同
一教材による一斉授業方式」批判は、学校の社会化機能と配分機能を人材供
給システムとして利用するなかで生まれてきた「学力格差」を「個性」とし
てできるだけ早い時期から固定化し、その「個性」にあうように個別化され
た学習内容を効率的に学ばせ、グローバル人材を発掘していくための批判で
ある。

2）学級で学ぶことと学習権保障

　「同一教材による一斉授業方式」批判に対するカウンターとしては、学級
で教えることにこだわった吉本の考え方についての久田敏彦の以下の解説が
説得的である。

　「（吉本が「学級」で教えることにこだわるのは—引用者注）階層別、能力別、
学力別、性別などの基準ではなくて、唯一年齢だけで子どもを学級に編成す
ることの民主性を大切にし、また、そのように編成されるからこそ、さまざ
まな差異をもった個性的な子どもたちが学びを共同化しうる条件を確保で
き、差異ある異質な他者とのかかわりのなかで一人ひとりの学びを深めるこ
とができるといった学級教授組織の思想が込められている。」[7]、と。

　学習集団の指導技術のなかで、「『頂点』の子どもに問いただし抵抗する、『底
辺』の子どもの『つまずき』に味方するといった教授行為」や、「見えません」
「わかりません」「聞こえません」、「○○君が書き終わるまで待ってください」
と要求できるようにしていく方法は、これに続けて久田が言うように、「同
和教育ともかかわって、授業の成立を『底辺』から問いながら、すべての子
どもの個性的な発達を最大限促進するという、マイノリティの子どもへのや
さしいまなざしをもひそませた」教育の方法・技術なのである。「生きさせろ」
と声をあげることを可能とする学校と授業をつくっていくうえで欠かせない
視点である。

　また、「唯一年齢だけで子どもを学級に編成することの民主性」とは、こ
の編成方法が差異や多様性を無視した「画一」のシステムなのではなくて、
共通の学習内容を保障するシステムだという意味である。これを基礎として、

その子ならではのわかり方、到達度等の一人ひとりのニーズ（必要）に応じた学習組織は臨機応変に編成可能である。この臨機応変な学習組織の編成は学習観ともかかわって研究が深められなければならない。たとえば、「頂点」と「底辺」の間の能力差や学力差はどれくらいまでなら一緒に学習できるのか。同じ教室（学級）にいてその子に適した個別対応は可能なのか、個別対応が中心なら同じ教室にいる必要はあるのか。さらに、共通の学習内容の習得を目的とする場合、同じ教室（学級）にいて「底辺」の側の子どもの学習内容の習得は可能なのか。習得困難な学習内容を前にただ座っていることを強制することになるのではないか[8]。

3 「教えない授業」と学習集団論

1）「教えない授業」—「教えない」かわりに「問う」—

　教えない方が学習者が主体的になるという俗見にいまさら応答する必要もないが、学習集団論の進化に寄与する議論として、愛媛県立博物館学芸員の鈴木有紀が提唱し実践もしている「教えない授業」をとりあげる[9]。「教えない授業」のベースになっているのは美術館で行われてきた「対話型鑑賞」である。これは絵画や造形の価値を学芸員が解説するのではなく、鑑賞者との対話をとおして鑑賞者が自らの「作品」観を形成することを目的とした方法である。また、鈴木によると「教えない授業」は2017年版学習指導要領のキーコンセプトである「主体的・対話的で深い学び」と合致しており、その観点から愛媛大学教育学部付属小学校において図工のほか国語、社会、算数、体育などでも実施されている。

　「教えない授業」では、「教えない」代わりに「問い」を重視したり、子どもの発言に「どこからそれがわかるか？」と発言の客観的な根拠を聞き返す。これらの方法は、学習集団の指導のなかでも用いられてきた方法である。吉本の独特の言い方を借用すると、「教えたいものは教えてはならない、学びとらせなくてはならない」のである。「学びとらせる」ための中心にある教授行為が発問であり、とくにクライマックスでは、その発問によって対立する複数の発言が引き出されるようなものでなければならない。対立する複数の回答があるからこそ「対話・討論」が成立するのだし、教科書や資料集の

どこからそう言えるのかを尋ねるからこそ、子どもたちの発言が言いっぱなしや思いつきにならないようになる。これらを授業における「発問を通しての集団思考」と呼ぶのである。

2）「教えない授業」には「正解」がない？

　「教えない授業」で出される問いは、鈴木著『教えない授業』のサブタイトルにそうあるように、「正解のない問い」のようである。ゴッホの「古靴」の絵の授業が紹介されている。「感想を話しましょう」ではなく、「絵の中でみつけたこと、気づいたこと、考えたこと、疑問でもなんでもいいので話していきましょう」と誘い、子どもの発言には「どこからそう思ったの」と問い返す。『同書』には次のような展開例が紹介されている[10]。「一見、一足の靴のようにも思えるけど、それぞれ別々の持ち主の靴のようにみえてきた。まるで、つきあいの長い友人どうしのようだ」という発言に、「どこから」と聞くと、「つきあいの長さは、靴の色や崩れた形から使い込まれた感じがするから」とか「右側の靴は襟みたいな部分が立っていて、それにたいして左側の靴は襟が折れている。同じ方向を向いているから気は合うけれど、性格は違うように見えます」という見方が示されるかもしれないという。この発問と回答の予想からは、あらかじめ正解が想定されていないようである。実際はこの一組の「古靴」が一人の持ち主のものか別の持ち主のものか、いずれかが「正解」なのだが、その「正解」を教えることに意味がないのなら、鑑賞者の解釈に委ねるのもよいだろう。

　では、「教えない」で授業になるのか。授業とは人類の文化遺産を次世代に継承させる営みであることは否定できない。「教えられた（伝えられた）」学習内容をどう受け取るかは学習者しだいという面もあるが、「自分的には $1+1=8$ です」とか「水は H_2O_2 とわたし的には決めています」では困る。「教えない授業」の理科のワークショップを見てみよう[11]。大野照文三重県総合博物館館長による「三葉虫を調べよう」というワークショップが人気なのだそうだ。このワークショップでは大野館長が「三葉虫は身近な動物の何に似ているかな」「どのようにして天敵から身を守っているのかな」「どのようにして成長するのかな」と「問い」を出して、子どもたちは一生懸命考えて自分の推理を披露する。『同書』によると、「最後に示される研究結果に、

推理が当たった子どもたちは得意満面」とある。続けて大野館長は「『外れ』になってしまった考えも決して間違いではないこと。それは他の生き物の進化に当てはまる可能性があること」を語る。「正解」はあるのである。

3）「教えない授業」は「教えている」

　したがって、「教えない授業」とは「正解」を「教えない」で、「発問」をだしながら「正解」を「発見させ」ていく授業である。そう仮定するとこれは、吉本のフレーズを借りれば、「正解は教えてはならない、発見させなくてはならない」授業である。「教えない授業」を提唱している人たちは、「教える」ことと「発見させること」とを対立させて、「教える」とは正解を一方的に伝える（強制する）ことと考えているようだが、「教える」という行為はそう単純ではない。学習者が「知らないことを知る」、「できないことができる」ようになる過程全体に関与することを指す場合もあれば、そのさいに、「鎌倉幕府の成立年についてこれまでは1192年と言われていましたが、今は1185年説が有力です。というのは……だからです」と直接「正解（とされていること）」を説明するのも「教える」ことだし、「1192年と1185年って、それぞれ何があった？」とか、「ということは幕府が成立するための必要な条件は何ということになる？」と問いかけるのも「教える」ことである。教授学の基礎的な考え方に照らせば、「教えない授業」は「直接的に」教えるのではなくて、「発見させる」というかたちで「間接的に」教えているのである。

　問題にすべきは、「正解を教えるか教えないか」ではなくて、その「正解」とされている事柄を子どもは受け入れなければならないとしてきた習得主義[12]である。「正解」とされている事柄に対する子どものスタンスや見解、それを「主体性」というのであれば、そういう主体性がもっと重視されるべきである。

4　「正解」に疑問と異見をだす権利

1）　学習は子どもにとっては研究

　学習は研究者から見れば研究ではないが、子どもたちからすれば研究活動という面がある。吉本も授業は「発見と探求の過程」だとして次のように述

べている。

　「授業における子どもの学習過程は、純粋な科学研究の場合の認識過程とは違っている。『学習過程』は純粋に『認識過程』だとはいえない。それは追認識と再認識の過程であることは明確である。……（中略）……しかし学習主体に即していえば、子どもは科学的研究者のそれと同じ状況に置かれているのである。」[13]、と。

　これを折出健二のいう学習の三つの側面、「知る」「問う」「確かめる」[14]をもとに読んでみるといっそうわかりやすくなる。研究は、何らかの問題意識にかかわって、これまでにどういう先行研究や研究成果があるかを「知る」ことから始まる。次に先行研究間の対立や矛盾、研究成果と現実との矛盾を見つけ出し、「問い」と仮説をつくる。さらにその仮説がどれくらい正しいのかを「確かめる」。学習も同じプロセスをたどる。ただ学習の場合はたいてい子どもたちが探究しようとする課題は研究の世界では結論がでていて、子どもたちにとっては研究だが、実際には研究ではなく、「追認識と再認識の過程」である。

2）「正解」も検討の対象である

　だが科学の解はひとつとは限らない。とくに係争中の問題を扱うとき、司法の判断は二つに分かれ、どちらの側にもそれぞれの判断の根拠となる学問がある。騒音公害にかかわって、騒音は人権侵害であるという司法判断の背後には「公共の福祉」を「市民の利益」と考える法学や政治学があり。騒音は受忍の範囲であるという司法判断の背後には「公共の福祉」を「国の利益」と考える法学や政治学がある。

　したがって、騒音問題についての学習は、これについての事実やどういう司法判断とそれを支える学説があるかを文字通り「知る」ことから始まる。そこからいずれの判断や学説が「正しいか」という「問い」が生まれ、それを「確かめる」ための学習が促される。その「検証」が理論による検証であったり、騒音で苦しんでいる人、基地労働者、基地で生計を立てている人、防衛政策の担当者などへの取材や発言等の収集と分析によったりする。この場合、従来の判断や学説は「正解」として覚えるものではなく、いずれが「正解」なのか、いずれも「正解」ではないのではないかなどと検討されるべき

対象である。

　そのさい、学習者本人が問題の当事者として判断し行動しなくてはならない場合はまさに自分の問題として、自らの生活の深部から自らの生存と生活をかけて既存の判断や学説を「問う」ことになる。直接は自分の問題ではないが身近な知人の問題や同じような経験をしたことがある場合には、その当事者への共感をとおしてあたかも当事者のように既存の判断や学説を「問う」こともできる[15]。さらには、自分の問題や身近たち人の問題ではなくても、騒音問題について関心を持ち、調べ、既存の判断や学説を「問う」こともある[16]。騒音が貧困、原子力発電、震災、復興、基地、開発、民族等でも同じである。

　こうした点からすると、「教えない授業」における「古靴」は誰が書いたのか、いつの時代の人か、何派に属するのかなどの諸知識やこれまでどう評価されてきたか等々は、鑑賞と作品観を形成するのに必要な知識として「知らせる」必要はあるのではないか。教師が「紹介」するか、資料集等から探させるかは教師の判断による。つまり、「教える」というのは、直接か間接かにかかわらず「正解」を上手に伝えていくことのみならず、研究がそうであるように、学習者に先行研究として提示し、紹介し、学習者による判断材料にしていくことではないか。

5　「教授−学習」関係の再検討へ　—おわりにかえて—

　換言すれば、これは既存の科学の成果に対する疑問や異見をさしはさむ権利を含んだ学習または学習権である。ならば教師と子どもの関係も問われなければならない。教師の指導に子どもの自主性を従属させたり、教師の指導を子どもの自主性に従属させる理論との対抗において、教授と学習の統一や指導と自己活動の統一が主張されてきた。1970年代半ばの吉本と全国生活指導研究協議会（全生研）の論争において指導概念が争点になったさい、全生研は教科外領域においては、教師の公的指導を子どもたちが「のりこえて」自己指導をつくり、教師の公的指導は私的な指導に転換するが、教科領域においては、教科内容を子どもたちが討議―決定する権限はないので「のりこえる」ことはないと主張したのに対して、吉本は教育である以上、いずれの

領域でも「のりこえない」と応答した。授業においては、教師の指導を子ども
もが「のりこえる」ことはないという点で共通しており、その論拠が教科内
容の存在である。

　このことと学習集団は「教科学習集団」[17]であるという規定は無関係では
ない。この規定は学習や学習集団概念をホームルーム、クラブ・部活動、児
童会・生徒会等教科外領域にまで拡張する議論に向けられた批判であるとと
もに、「教科学習集団」がめざすべきは、教科の指導計画に定められた文化
価値を教師による一貫した指導のもとで系統的に習得させていくことだとい
う主張であった。教科内容の決定は職務としても職業倫理としても教師の仕
事であるが、指導技術が文化価値を「正解」としてうまく習得させる技術と
とらえられれば、教授と学習の統一は教授優位の統一になる。教授と学習の
統一を含んだ指導と自己活動の統一は、指導とは自主性を引き出すための働
きかけであるというような規範的規定として継承しなければならないが、具
体的な関係のあり方については、教科の指導とは指導計画に定められた文化
価値を教師による一貫した指導のもとで系統的に習得させていくことという
授業観ともあわせて、教授優位ではない再定義が求められる。

注及び参考文献

１）庄原市教育委員会編『集団の教育』　部落問題研究所出版部　1975年　194頁。
２）『同上書』　203-204頁。この時期に山ノ内中学校の教育実践に触発されて「授業の集
　団化」や「学習集団の授業」に取り組んできた学校について、当時指導主事であった
　高場昭次が自著の中で述懐している（高場昭次著『いま、学級・授業をかえるには』
　ぎょうせい　1982年）。
３）吉本均著『学級で教えるということ』　明治図書　1979年　27-34頁。
４）川地亜弥子「対話的・協同的な学び」石井英真編著『流行に踊る日本の教育』　東洋
　館出版　2021年　82、83頁。
５）文部科学省「Society 5.0に向けた人材育成－社会が変わる、学びが変わる」（2018年
　6月5日）。
６）文部省『小学校教育課程一般指導資料 新しい学力観に立つ教育課程の創造と展開』
　東洋館出版社　1993年　31-33頁。これを含む講習会文書の分析は、拙論「1990年代
　以降の教育課程における学力概念の変遷」『日本福祉大学子ども発達学部論集』第9
　号　2017年を参照。
７）久田敏彦、深澤広明「学級で教えることのドラマと技術」『吉本均著作選集3　学習
　集団の指導技術』　明治図書　2006年　217頁。

8）本文中「学習観ともかかわって」と述べたのは、習得を目的とする場合と発揮・体験
　を目的とする場合や、学習組織と生活組織では編成の考え方は異なるからである。

9）鈴木有紀著『教えない授業』　英治出版　2019年。

10）『同上書』26-28頁。

11）『同上書』31-32頁。

12）拙論「生活指導教師にとって指導性とは何か」（全国生活指導研究協議会編『生活指導』
　499号　明治図書　1996年

13）吉本均著『現代授業集団の構造』　明治図書　1971年　201-202頁。

14）折出健二著『人間的自立の教育実践学』創風社　2007年　119頁。

15）前者が実存的視点から見た当事者性、後者が関係論的視点から見た当事者性である（拙
　論「当事者性のある生活と学びの創造」山本敏郎ほか著『学校教育と生活指導の創造』
　学文社　2015年、および「今求められる学力と主体的・対話的な学びの創造」『日本
　福祉大学教職講座　2016年版　学校教育編』　2017年）。

16）これを「当事者としての学び」にたいして、「観察者としての学び」「学びの観察者性」
　と呼ぶ（拙論「学校知を越える知のイメージ」高校生活指導研究協議会編『高校生活
　指導』122号　青木書店　1994年）。本稿で言及することはできなかったが、「観察者性」
　を欠く「当事者性」は「独善」になる可能性を孕んでいることを指摘しておきたい。

17）吉本均著『学習集団とは何か』　明治図書　1976年　12頁。

（山本　敏郎）

第2章

教員の働き方改革の課題と学習集団づくり

1　教員の多忙化とその背景

1）地域社会や家庭の教育力、支援力の劣化と児童・
　生徒の抱える問題の深刻化

　90年代以降、多くの地域で社会的・経済的な格差等が拡大すると共に、地域社会での人間的な繋がりは希薄になり、安全網の機能しない地域社会の教育力、支援力の劣化が進行してきた。この格差の拡大は、特に非正規就労世帯や「1人親家庭」世帯に深刻な貧困状態を齎し、家庭内に様々な問題を生じさせ、家庭の教育力、支援力を衰弱化させてきた。家庭の地域社会からの孤立化・閉塞化は、児童・生徒の抱える困難や苦しみ等をいっそう潜在化させ、深刻な影響を齎してきている。

　また、近年の脳科学、障碍科学等の知見から、児童・生徒の発達障碍、学習障碍等の特性が解明されることで、日常の生活や学習活動等において、様々な困難を抱えている児童・生徒の多いことが明らかになると共に、学習権の保障、障碍者の差別解消等のためにも、児童・生徒個々の必要とする様々な支援や環境整備等に「合理的配慮」が求められるようになってきた。[1]

　さらに、地域社会で、児童・生徒が連れ立って遊んだり交流し合う関係が希薄になり、学習塾等に囲い込まれたり、SNSやビデオゲーム等に熱中し眠気も忘れて没頭することで、睡眠や生活の適切なリズムに乱れを生じ、学習意欲や学力の低下、不登校等に陥ったりする事例も多くなってきている。[2]

2）問題の多様化と深刻化への専門的対応の要求

　児童・生徒やその家庭の抱える困難さや辛さ等に寄り添うことを契機に、教員への信頼感や依存感が増す一方で、その問題の多様さや根深い複雑さ、

深刻さに直面し、その問題解決のために、教職に関する一般的な知見等を超えた、特定分野の高度に専門的な知識や方法・技術等に基づく的確な対応が求められると共に、学校内外の様々な分野の専門的な知見や豊かな経験等を有する専門機関や専門職等からの適切な支援・協力を得るためのネットワークが必要になってきている。

3）非正規教員の増加とその対応力の限界

　80年代に大量採用された熟年教員が大量退職し、教育実践力に優れたベテラン層が希薄化した一方、その影響で採用数が極端に少なかった中堅教員からは、主幹教諭や教頭、校長の候補者確保にも事欠く状況が続いている。しかも、"ものづくり"企業等では、専門的知識・技能の継承のために、ベテラン層の退職前に後継者を育成する"接続期間"を設けるが、学校組織では、ベテラン層の退職後に改めて後継者を採用するため、"接続期間"もなく、貴重な専門的な知識・技能が継承されないまま、急速に教育実践力の劣化が進んできた。さらに、"少子化"の進行を危惧して、若年層正規教員の採用を手控え、非正規教員で代行させる動向が全国的に加速化し、教員の1/6を非正規教員で当てている実態がある。[3]

　非正規教員には、正規教員に保障される初任者研修等の機会も与えられず、薄給と不安定な身分のために、自らの教育実践力向上に取り組む使命感や責任感、意欲等の維持に困難を抱えている。こうした非正規教員の増加が、数少ない正規教員の側に、いっそうの職務負担を課し、矛盾等を皺寄せすることで、学校の組織的対応力を衰えさせてきている。

4）トップダウン型教育行政施策の矢継ぎ早な展開

　2006（平成18）年に教育基本法の改定によって、「教育振興基本計画」の策定が国及び各都道府県教育委員会等に義務づけられ、10年間を展望した計画的な教育行政施策を推進することが定められたり、2019（令和元）年「GIGAスクール構想」[4]や2021（令和3）年「『令和の日本型学校教育』の構築」[5]の答申等で、時代と社会の急激な変化に先取り的に対応するような教育改革が求められるようになった。こうした教育行政施策がトップダウン型で強力に展開されることで、むしろ従来のように各学校が抱える実践課題の解決のた

めに、教職員集団からボトムアップ的に取り組む改善・工夫の余裕が徐々に
失われてきた。

5）教員が担う職務内容の急激な変化と増加

　このように、教員を取り巻く職務環境の大きな変化が学校組織や教員個々
に大きな負担と多忙化を齎してきたが、その間の教員の職務内容でも急激な
変化と増加があり、教員をいっそう窮地に追い込んできた。例えば、小学校
では、総合的な学習の時間の新設、外国語活動・外国語科の新設、ICT機器
やタブレット端末の活用、プログラミング思考の導入とデジタル教科書の活
用、障碍特性に応じた個別支援等への「合理的配慮」の充実、さらに2020（令
和2）年以降のコロナ禍等に対応する衛生管理の徹底等、職務内容の急激な
変化や増加等によって、教員の多忙化にいっそう拍車が掛かってきた。

2　教員の過労と教育実践の疲弊

1）地域社会や家庭の矛盾、困難が学校に押し寄せ、教員を過労に追い込む

　近年、児童・生徒の様々な困難な問題が、次第にワンストップサービスと
して学校での一括解決を求めて押し寄せる状況になってきた。しかし、学習
指導等を中心とした教育専門職である学級担任教員には、特定分野の高度に
専門的な知識や方法・技術等を要する問題解決に十分対応できない。しかも
圧倒的な問題の多さに、学校組織は、チームとして連携・協力し合って問題
解決する余裕を失い、教員個々に問題解決を担わせる状態に陥り、その結果、
教員を過労や自信喪失、精神疾患、休職・退職等に追い込んできた。従来、
学校組織では、報告・連絡・相談を通じて問題を共有し、連携・協力し合い
ながら問題解決に取り組むという学校文化があったが、高度に専門的な問題
解決を要する事案では、特定専門分野の高度な知見に乏しい教員集団が、問
題の原因や背景の分析、解決策の立案、解決行動への意思決定等に多大な時
間や労力等を費やしても、適切な時宜を得た対応には至らず、児童・生徒や
保護者等に怒りや憤り等を抱かせ、学校現場への期待感や信頼感を揺るがす
ことも多く、時には司法判断を仰がざるを得ない状況に陥ってしまうことも
あった。

２）教員の過労が教育実践の劣化と新たな問題を引き起こす

　こうした教員の過重負担が、教員を心身共に過労に追い込み、学習指導等の基本的な教育実践の劣化、同僚との相互研鑽や連携・協力への意欲の低下を招き、「指導書」等に頼る若年教員の自立・成長を妨げ、多くの教員の向上心や探究意欲等に基づく改善・工夫の努力に水を差し、徒労感や「遣り甲斐」搾取を実感させ、体調不良や精神疾患等に陥らせることにもなった。また教員の多忙さが、いじめ、不登校、学級崩壊等、新たな問題を次々と生起させ、教員と児童・生徒との信頼感を育む向かい合い、心通わせる話し合いの時と場を奪い、保護者等との相互理解の機会を奪ってしまうこともあった。

３）高度に専門的な意思決定のできない学校組織と社会的信頼感の劣化

　日本の公立小中学校長には、学校組織運営にあたって、教職員の意見・要望等を参考に、かなり柔軟な意思決定の裁量権が認められている。しかし、同じ学校種の免許状を有し、同様の研修等を受けてきた教員同士で職務を分担し合いながら運営する組織（同種分担型）であるため、児童・生徒の抱える多様で困難な問題に対して、学校組織自らが高度に専門的な問題解決のための意思決定を行う十分な態勢には必ずしもなっていない。したがって、時に、この困難な問題が、未解決のまま放置されたり、関係者間で"盥回し"にされるような事態に陥ることで、学校や教員は、児童・生徒や保護者からの信頼感を損なうと共に、マスコミ報道等を通じて社会的にも信頼感を大きく劣化させてしまう。こうした学校や教員に対する社会的信頼感の劣化は、従来、地域社会や保護者等からの大きな信頼感と協力・支援によって支えられてきた学校現場の教育実践をいっそう難しくしてきている。

3　より本格的な教員の働き方改革の必要性

１）職務内容の明確化・限定化と勤務態勢の改善に向けて

　半世紀前頃までは、教員の職務内容は主として学習指導等に緩やかに限定されていたが、やがて児童・生徒への生活指導・生徒指導や学級経営等が重要視され、さらに児童・生徒個々の抱える困難な問題や多様な需要を視野に入れた指導・支援が新たに求められるようになってきた。しかも、教員の職

務内容は、様々な要素が相互に絡み合い、明確に切り分けることが難しいと
して、基本給4％分の給与を予め上乗せすることで、休日勤務や時間外勤務
等にも残業手当を支払わないという教職員給与特別措置法（1966（昭和41）年）
が制定され、結果的に勤務時間を管理せず、厚生労働省の定める過労死危険
水準を超過する勤務が常態化することとなってしまった。教職員給与特別措
置法一部改定（2019（令和元）年）では、こうした問題状況を改善すべく、
変形労働制の導入と勤務時間の管理の徹底が定められたが、勤務時間の量的
管理の適正化を呼び掛けただけで、職務内容の明確化と限定化は為されず、
困難な諸問題の解決に携わる教員の過剰な負担は低減されていない。

2）職務内容の標準化と勤務時間の平準化

　一般企業の生産現場等では、職務内容を明確に限定し標準化することに
よって、事故や病気等による担当者の離脱や欠勤に対して代替可能な態勢を
組むと共に、年間を通じて勤務時間を平準化することで、勤務時間等に変動
を来さない工夫をしている。しかし、学校現場では、従来から職務内容の明
確な標準化と限定化、勤務時間の平準化が進まず、教員個々が担当する学級
等での困難な問題を丸抱えすれば、問題解決に至るまで際限なく労力や時間
等を傾注せざるを得ない態勢に、改善・工夫が十分為されてきていない。

3）特別活動や課外活動等のアウトソーシング

　文部科学省による「令和の日本型学校教育」実現のため、より質の高い資
質能力を持つ新たな教員の確保をめざした「＃教師のバトン」プロジェクト
（2021（令和3）年）を契機に、逆に教職における過重労働の実態が明らかに
され、教職の困難さや厳しさのために教職をめざす学生数や教員採用候補者
選考試験の受験者数が減少し、非正規教員雇用には欠員すら多数生じる結果
となった。学校教育の維持・充実のためには、保護者や地域社会の協力・支
援をさらに要請せざるを得ない状況になってきた。通学路や登下校での安
全・安心の確保、特別活動の運営、課外活動の指導等をアウトソーシングし
たり、教員以外の多様な地域人材の協力・支援に頼ることが益々不可欠に
なってきている。

4）同種分担型の組織形態の問題点

　近年、専門的な指導・支援等が必要な困難な問題を抱えた児童・生徒が急増してきたことで、一般の教員免許状しか持たない教員では適切に対応し切れない状況が多々生起し、児童・生徒や保護者等にも不満感や不信感等を抱かせるようになってきた。学校の組織運営を担う教職員には、多様な問題解決に即した高度な専門性（スペシャリティ）の獲得が喫緊の課題となってきたが、教員研修を推進する文部科学省、都道府県教育委員会等では、いまだに一般教員を多面的に研修させ、オールラウンドに対応できるジェネラリストとしての職務遂行能力の形成・向上をめざす研鑽を推奨している。しかし、それでは、教員の多忙化や労働過重化、"研修疲れ"等をいっそう促進することにもなってしまう。

5）異種協働型の組織形態への転換

　複雑化・深刻化した困難な問題に、学校現場で、専門スタッフが適切に対応しながら、一般教員と連携・協力して児童・生徒の指導・支援を充実させていくには、問題の需要に即した様々な資格・免許状を有する多様な専門スタッフを学校組織に位置づけ、異種協働型の組織として問題解決に取り組む態勢の構築が必要である。[6]しかも、困難な問題を抱える児童・生徒等が、当初から各専門スタッフに直接面談でき、その専門スタッフを中心に学校長や学級担任教員等を加えて、問題解決に協力し合える態勢づくりが大切である。

4　「チーム学校」改革と資格・免許状主義の充実

1）「チーム学校」改革と問題に即した専門職配置の必要性

　中央教育審議会は、2016（平成27）年「チームとしての学校の在り方と今後の改善方策について」（答申）[7]を出し、学校教育の組織運営の形態を同種分担型から異種協働型に転換する方向で、スクールカウンセラーやスクールソーシャルワーカー、学校事務職員等の増員に向けて予算措置を執るように提言した。しかし、この「チーム学校」改革構想での専門スタッフの配置は、各学校が抱える問題に即して、必要な専門スタッフを適切に、柔軟に、豊富

に配置できる態勢を早急に執ることが必要であるが、現状では、制度的にも脆弱で、予算的にも僅少であり、「チーム学校」として社会的に期待される高度に専門的な問題解決のためには、未だ出発点に立ったに過ぎない。

2）教員研修のための専門職資格・免許状取得課程の設置とその課程規準の明確化

　中央教育審議会は、2016（平成27）年「これからの学校教育を担う教員の資質能力の向上について」（答申）8)等において、新たな時代に求められる教員の資質能力や研修のあり方等を示している。しかし、その成果評価のあり方は、「教員が学び続けるモチベーションを維持するため、教員の主体的な学びが適正に評価され、学びによって得られた能力や専門性の成果が見える形で実感できる取り組みや制度構築を進める」とするなど、研修に取り組む教員自身のために、その努力と成果が見える形で実感できることを重要視しており、その研修成果が、児童・生徒や保護者等を含む社会の信頼回復に繋がるように、外部からの厳しい「まなざし」に応えることには必ずしも十分配慮されていない。もちろん、地方公務員法や教育職員特例法等にあるように、教員は生涯にわたって自ら主体的に研鑽を積むべき存在ではあるが、現在の学校現場を取り巻く厳しい不信感等を改善していくためには、専門性向上の努力と成果が外部から常に「見える形」にすることが重要である。そのためには、研修成果が公認された専門職資格・免許状という形で社会的に明示できると共に、その専門職資格・免許状取得課程の設置とその課程規準の明確化が必要である。こうした高度な専門職性の資格化、免許状化によってこそ、問題解決に向けての方法・技術等の専門化、意思決定の根拠や責任の所在の明確化が進められ、問題解決がより迅速化・円滑化され、学校現場に向けられてきた外部からの厳しい「まなざし」に対する信頼回復が図られる。

3）「子ども中心のネットワーク」として「チーム」を構築する

　ところで、困難な問題の解決に向けて専門スタッフを各学校に配置すれば、かえって問題解決が特定の専門スタッフに押しつけられ、「チーム」学校としての組織的な協力・協働の態勢が組めないのではないかという懸念が抱かれるのも、もっともなことである。したがって、組織的な協力・協働の態勢

づくりは、常に「子ども中心のネットワーク」の構築として、関係者が重要な情報や問題解決のあり方を共有し、困難な問題の渦中にいる児童・生徒の安全・安心と信頼に寄り添った形で問題解決に取り組む必要がある。[9]殊に、児童・生徒等と最も密接にかかわり合う学級担任教員と専門スタッフとの信頼し合える関係づくりを大切にしながら、「チーム」学校が機能するようにネットワーク型の態勢を構築することが重要である。

5　困難の克服を支える学習集団づくり

1）多様性を認め合い、協力・協働し合う主体的学習活動の喚起を

　困難な問題を抱える児童・生徒に対する、専門スタッフ等を含む教職員による様々な支援・協力等は、学校教育の場における児童・生徒の学習活動や生活のための環境・条件の整備であり、そこで学習し生活する児童・生徒が自ら問題を克服し、自ら主体的に学んでこそ、確かな学力と豊かな人間性の形成、自尊感情の獲得に結び付く。したがって、児童・生徒個々が学習主体として立ち上がるためには、つまずき、間違い等をも含む多様な「わかり方」「でき方」を持つ児童・生徒が、問題に対して真剣に向き合い、仲間同士が問題を「我がこと」として捉え、問題解決に向けて多様な考えや意見等を持ち寄り、目標を共有しながら協力・協働し合い、相互主体的に参加できる授業等が必要である。こうした授業等を教師が構想し全員参加の場を創造することが、問題解決の構えと能力を育み、「かかわり合う関係」「信頼し合う関係」をも育む学習集団づくりとなる。

　また、仲間の多様な困難等を眼前にして、細やかにその支援や協力の必要性に気付くのは、むしろ間近な児童・生徒である。こうした児童・生徒が相互に仲間の多様性を認め合い、協力・協働し合って問題解決に挑む相互主体的なかかわり合いを育んでいくことが、学習集団づくりとしての学級担任教員の務めである。

2）多様性を生かし、教科内容・教材の本質に迫る主体的な探究・
　表現を通して確かな学びを

　新たな時代と社会の変化に、確かな学力と豊かな人間性を持って逞しく挑戦し、自己実現を図るには、授業等での主体的な探究・表現の活動を通して、自らの既知・既習の知識・技能を十分に発揮し、仲間の多様な「わかり方」「でき方」や教師の鋭い切り込み・切り返しの発問等を媒介に、教科内容・教材の本質（未知・未習）を、児童・生徒自らが掴み取っていかなければならない。そのためには、児童・生徒個々が自らの拘りを持って教材（学習材）の分析・解釈を準備し、根拠に基づく自らの考え・意見を明確にして授業等に参加し、仲間と共に主体的な探究・表現の活動をしっかり深め合えることが重要である。特に、遅れがちな児童・生徒には、事前の家庭学習で、次時の主要課題に迫る自らの考えやその根拠を準備させ、授業に意欲的に参加させ、自信を持って発言できるようにさせる手立ても必要である。

3）多様性の認め合いから、安心できる「居場所」づくりを

　児童・生徒個々の多様な「わかり方」「でき方」を認め合い、弱い考えや意見を支え合い、多面的に問題解決に取り組むことで、児童・生徒の認識・思考に、「つまずき」等を含む多面性が生まれ、より力動的な学習活動が喚起され、緊張感を持って新たなより深い認識・理解を得ることができる。その楽しさ、喜びが共有でき、安心して仲間と活動できる「居場所」感が得られることが、児童・生徒の誰もが主体的に参加できる授業づくりであり、授業での学級づくり、学習集団づくりである。

6　学級担任教員を中心にした教員集団づくり

1）自主・自立・自律、自治力、自己指導力を共有し、
　仲間として支え合って育つ

　学習集団づくりは、授業等において、児童・生徒が個々に問題を抱えながらも、相互に認め合い支え合う民主的な関係に全員を巻き込み、学習主体として相互の自主、自立、自律をめざし、確かな学力と豊かな人間性を形成すると共に、さらに協力・協働し合い繋がり合う活動を通して、主体的に問題

解決に取り組む自治力、自己指導力をも育む取り組みである。この学習集団づくりの考え方は、その指導・支援に取り組む教員自らの教育実践に対する構えに、児童・生徒個々の学ぶ権利の保障、民主的な関係性形成の保障をめざす姿勢を問い続けることになり、学校現場で教員自らが学び合い高め合う民主的な繋がり合いを通して、問題解決に協力・協働して取り組み、相互の職能成長をめざす姿勢を共有することを求めてくる。近年、学校現場では、計画的な校内研修等の実施が困難になりつつあるが、教員自らが授業改善に向けて問題意識を持って研鑽し、その問題解決をめざして主体的に改善・工夫を重ねていくことが重要で、学校現場が自己成長をめざす教員の学習集団として相互に活発な学び合い高め合いを実現することが重要である。

2）学び合い高め合う教員集団づくりで専門知を探究する

　学校現場が連携・協力して組織的に機能するためには、学習指導や学級経営を担う学級担任教員と、学校管理職や他の専門スタッフ等との間に、垂直的なヒエラルヒー構造ではなく、水平的なネットワーク構造で繋がり合い、特に学級担任を担う若年教員等には、安心して問題意識を共有でき、意欲的に問題解決に取り組めるように、学級担任教員を中心に、教員集団として協力・協働し合う関係が大切である。従来、「教員は学校で育つ」といわれてきたが、近年、多忙化によって学校現場に余裕がなくなり、「自分の仕事は自分で遣り遂げる」といった自己責任論的な考え方が支配しがちな職場環境の下で、同僚・先輩との縦横の繋がりにおいて自然に促されるOJTが機能しなくなり、職能成長が期待される若年教員が孤立化したり、狭い視野で日々の職務遂行に忙殺され、徒労を重ねるように精神的に摩滅する状況に陥りがちである。そうではなくて、若年教員が、教育専門職として職能成長できるように、自らのめざす教育実践のあり方を語り、職務遂行を通して同僚・先輩とより高度な専門知を探究し合えるような教員集団づくりが必要である。

3）将来へのキャリア形成に向けて

　学級担任教員が、専門スタッフを含む同僚教職員から、問題解決のあり方を学んだり、教育実践の改善・工夫を学ぶことで教育実践力を高めると共に、教員個々の得意分野等を中心に研鑽を重ね、その専門性を高め、やがては専

　門職資格や専門職免許状を取得できるように、将来へのキャリア形成に開かれた展望を持てる研修の積み上げが重要である。

　教員相互の繋がり合いで、特に若年教員等に研鑽への意欲を喚起し成長を促すように、明るく健全な職場環境に変革していくことが、学校現場の喫緊の課題である。

引用・参考文献

1）文部科学省初等中等教育局「発達障害の可能性のある児童生徒の多様な特性に応じた合理的配慮研究事業」令和元年

2）木田哲生「睡眠教育のすすめ　睡眠改善で子どもの生活、学習が向上する」学事出版　平成29年

3）朝比奈なを「教員という仕事　なぜブラック化したのか」（朝日新書）朝日新聞出版　2020年、22-26頁

4）文部科学省初等中等教育局「GIGAスクール構想の実現へ」令和元年

5）文部科学省中央教育審議会「『令和の日本型学校教育』の構築を目指して〜全ての子供たちの可能性を引き出す、個別最適な学びと、協働的な学びの実現〜」（答申）令和３年

6）長澤憲保「現職教育でめざす教師の専門性」（小柳和喜雄・久田敏彦・湯浅恭正『新教師論』）ミネルヴァ書房、2014年、203-208頁

7）文部科学省中央教育審議会「チームとしての学校の在り方と今後の改善方策について」（答申）平成27年

8）文部科学省中央教育審議会「これからの学校教育を担う教員の資質能力の向上について〜学び合い、高め合う教員育成コミュニティの構築に向けて〜」（答申）平成27年

9）鈴木庸裕・佐々木千里・住友剛「子どもへの気づきがつなぐ『チーム学校』スクールソーシャルワークの視点から」　かもがわ出版、2016年、20-23頁

（長澤　憲保）

第3章

GIGA スクール構想と ICT 活用による集団的な学びの組織化

1　GIGAスクール構想

　GIGAスクール構想は、2019年12月に「1人1台端末と、高速大容量の通信ネットワークを一体的に整備することで、特別な支援を必要とする子供を含め、多様な子供たちを誰一人取り残すことなく、公正に個別最適化され、資質・能力が一層確実に育成できる教育環境を実現する。これまでの我が国の教育実践と最先端のICTのベストミックスを図ることにより、教師・児童生徒の力を最大限に引き出す」[1]ことから始まっている。そのための整備費用として、補正予算案が盛り込まれ、計画的に整備する方針が明らかにされた。このように、これまでの教育実践の蓄積を見つめ、そこにICTを適切に生かし、学習活動の一層の充実を図る（デジタル教科書やデジタルコンテンツの活用を含む）こと。そして学習履歴などの教育データを的確に把握、活用して、主体的・対話的で深い学びの視点からの授業改善に生かすこと、それに向けた義務教育の学習環境の充実として、その構想が始まった。

　そのような中、2020年3月より、大規模で長期に及ぶ感染症が蔓延し、学校や教師には、様々な対応が求められてきた。その影響もあり、GIGAスクール構想は、当初計画よりも前倒し実施されるに至った。これまでの日常とは異なる学校や社会の状況の中で、教育環境を生かし、意識化していなかったことを見つめ、できうる限り安全安心の教育活動、つながりを大切にする教育活動、学習活動を止めない教育活動を考えることが求められたことも大きい。そして、同時に、当初より予定されていた新学習指導要領で目指されていることの実施の充実と関わって導入が進められてきた。

　2021年中央教育審議会答申として「『令和の日本型学校教育』」の構築を目指して」（令和3年1月26日）が公表されてからは、GIGAスクール構想によ

り整えられてきている新たな学習環境を生かし、「個別最適な学び」と「協働的学び」を一体的に充実し、「主体的・対話的で深い学び」の実現に向けた授業改善につなげていくことが求められてきた。またデジタル庁が2021年9月1日に設立され、GIGAスクール構想に関するアンケートの取りまとめも出された。それらを通じてどのように教育の課題に向き合っていくかが問われ、関係省庁とともに教育データの利活用に向けたロードマップの策定が行われてきた[2]。

　この間、教員や学校の受けとめ方に温度差は確かにある。しかし児童生徒が、１人１台のICTを、学習の道具として学校内外で活用することが進み、授業や学校の風景は変わりつつある。

2　ICT活用

　GIGAスクール構想により、学校の教室では、高速通信を用いた１人１台の端末を使って、学習者が、クラウド上から様々なアプリケーションを利用でき、そこに情報を蓄積していくことができる環境になってきた。学校だけでなく、家庭でもスマートフォンほか、様々な端末を使ってクラウド上の情報へのアクセスが可能になり、その利用の範囲が広がってきた。そのため、感染症への対応時に使われるだけでなく、普通教室の通常の授業の中で、学校の学習と家庭学習をつなげる取り組み、学校への登校が難しい児童生徒が柔軟に授業に参加できる遠隔共同学習などが、１人１台の端末を使って進められるようになってきた。

　授業におけるICTの活用について、教員が「教具」として用いる事はこれまでも行われてきた。授業をわかりやすくする工夫として、必要とする教員が目的や内容に応じて用いることがあった。その場合、そのICT活用スキルは、教員が身につけていれば良かった。そのためICTの活用が得意な教員が授業で用いるという印象が強かった。一方で、ICTを用いなくても、その授業で目指すことへ子どもたちを導ければ、それで教員の役割、責任としては問題なく、自治体や学校で積極的にその活用を推進しない限り、その選択は教職員に託されていたことが多かった。

　しかしGIGAスクール構想によって学習者が１人１台のGIGA端末を活用

　できる環境が整ってくると、その状況が変わってきた。つまり主体的・対話的で深い学びに向けて学習過程の絶えざる改善を進めていく際に、「学習具」としてICT等を児童生徒が活用することが期待され、その状況が変わってきた。児童生徒が学習目的や内容に沿って学習活動を進めていくために、ICT活用スキルを含む情報活用能力を児童生徒に育成することが求められてきたからである。「私は、ICTを用いなくても、その授業で目指すことに子どもたちを導ける」というのは、教科等の学習内容と関わる事について述べている。それは授業でICTを用いない理由として共感や理解を得てきた。しかし、現行の学習指導要領に記載されている児童生徒自身に学習の基盤として、情報活用能力を身につけさせていくという教育責任に目を向けると、それは学ぶ機会を保証しなくてよいのかという問題と遭遇することになってきた。つまり、私が教員として授業でICTを使う使わないという問題ではなく、児童生徒がICTを使って学ぶ機会を教員として保証できているかどうかが問われてきていると言える。感染症対策のときに明らかになった、当たり前を問い

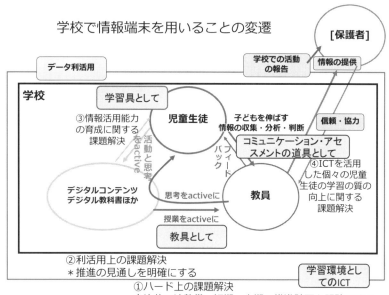

直し、この意味や責任をあらためて教職員全員で確認し、学校全体で話し合っていくことが問われてきている。

　そのうえで、この環境を子どもの学習活動の支援や子ども姿の見取りや、教育活動と関わる取組の向上に向けてどのように生かすかを、教員さらに言えば学校が、見通しを持って運用のデザインをしていくことが求められてくる。その意味で言えば、教員にはICT活用スキルというよりもICT活用指導力がより求められてくるようになってきたといえる。

　GIGA端末を「教具」として、また「学習具」として用いるだけでなく、「学習者同士、また教員やクラス以外の人々とのコミュニケーションの道具」として、「振り返りやアセスメントの道具」として、さらにはこのような様々な道具等を含む、物理的、心理的に学習に安全安心と豊かさをもたらす「学習環境」としてとらえていく視点が、学校の情報化、学校を要とした教育の情報化を進めていく上で意味をもつようになってきた[3]。

3　GIGAスクール構想とGIGA端末の活用が持つ意味

　GIGA端末の活用が行われる以前から、コンピュータ教室で1人1台のICTを活用する機会、また教室で1人1台のICTを活用する機会は確かにあった。教室で利用する場合は、学年や学校に40台数セットが用意され、それをキャスター付きの保管庫で管理し、必要な時に、学校で、学年団で話し合いながら利用することが行われてきた。そのため使いたいときに使えない、あるクラスだけが頻繁に使っているなどの問題もあったと聞く。そして、1人1台利用しているが、それは共用の機械や端末であって、利用したら、その学習の記録や産物は次の利用者のためにリセットされる。記録を残して置きたかったら、特別にフォルダーを用意してそこに保存するなど、他の人に操作されない工夫が必要であった。利用するアプリケーションなども更新があると1台1台インストールするなど、その管理運営も大変だったらしい。

　しかしGIGAスクール構想では、オンライン上で随時更新されるアプリケーションを利用し、クラウド上に個々人の利用者のデータを保存し利用できる仕組みを採用したため、上記のような問題は解決されつつある。教育活動における活用では、教員によって判断されるその利用目的は変わらず必要

かつ重要となるが、児童生徒が、自分に合った学び方の一つとして、GIGA
端末を選び、必要な時に利用して学ぶことが可能となった。そしてGIGAス
クール構想により、普通教室でのWi-Fi 利用環境が改善され（学校によって
は特別教室や体育館なども）、常時接続で必要な時に１人１台環境が活用でき
るようになってきている。

　この環境により、例えば、一斉学習場面でも、１人１人の児童生徒の考え
を、文字、記号、絵、動画など多様な情報様式でGIGA端末に表現させるこ
とが可能となり、それをみんなで共有することがしやすくなった。手を挙げ
て発言することが苦手な児童生徒も、自分の今の考えを選択肢から選んだり、
実際に端末に記述、表現し、学習活動に参加しやすくなった。教員にとって
も、みんなの声を比較的短時間に示したり（例えば、問いに対して児童生徒が
選んだことを瞬時にグラフで表示、確認などもできるようになった）、それを活
用して理由を述べあい、聞き合い話し合いを始めたり、最初の考えを見つめ
る機会を作ることがしやすくなった。教員は、その様子を見て、誰に発問が
かかっていないか、表現できず悩んでいるのは誰か、把握しやすくなり、自
身の授業での言葉かけや１人１人の学びへの配慮について、これらの情報を
もとに具体的に意識化でき、授業改善に生かせるようになってきた。

　そして一斉学習場面で、遠隔地とWWW会議システムを使って、ゲスト講
師からお話を聞いたり、異なる学校の学級間で共同学習を進めたり、学校に
通学が難しい環境や状況にある児童生徒も、離れた場所から学習活動に参加
する機会が広がってきた。

　また１人１台環境のため、児童生徒は、自身の学習の記録などを安心して
残しやすく、必要に応じて共有をかけ、友達と相互に参照する許可を出すこ
ともできるようになった。自分の学びの変化や履歴を、文字だけでなく、写
真、動画などでも確認できるため、例えば、自分で調査している様々な調査
情報や実験の様子、自分自身が発音したり、撮影した動画記録を参照し、比
較分析や自己評価なども自由にできるようになった。デジタルコンテンツや
ドリル的なアプリケーションを利用する場合は、自分のペースで進め、何度
も問題にチャレンジでき、その記録から自身の学びを振り返り、次へ生かす
こともできるようになってきた。

　さらに自分の姿をそれほど簡単に見ることができなかったパフォーマンス

などに関して、児童生徒は、友達と交代で撮影し、記録を取り、教師からのアドバイスや指示により、視点をもってパフォーマンスの成果を分析できるようになってきた。児童会・生徒会活動、課外活動やクラブなどで、その企画にGIGA端末が活用されていることも行われるようになってきた。

　GIGA端末は、その記録の機能を用いて、教員に様々な教育情報を提供できる。教員は、児童生徒への見取りに基づきながら、より正確で適切な判断をするためにそれを利用できる。教員は、これらを活用し、個々の児童生徒の学びの記録などを、学校で共有し、中長期的に指導の見通しや改善に生かすことができるようになってきた（教育データ利活用）。

　このように教育活動でのGIGA端末の活用は、これまで容易にはできにくかったことを可能にし（個々の児童生徒の学習スタイル、知覚のスタイルに応じやすくなったこと、児童生徒は自分自身の姿を外から眺められるようになったこと、遠隔地からも学習活動に参加したり話し合いに参加したりできるようになったこと、個々の児童生徒の学習の記録を残せ、振り返りなどを促したり、教員もその見取りを補う、より詳細な情報を得ることができるようになったこと、など）、その教育や学習の幅を広げる重要な学習環境となりつつある。

4　GIGA端末を生かした集団的な学びの組織化

　上記の機能を持つGIGA端末を生かした興味深い取り組みとして、たとえば以下のような実践がある。

　この実践は、小学校の国語で俳句を取り上げたときに見られた授業である。そこでは児童に人気があるテレビ番組「プレバト」なども取り上げながら、1）俳句の学習事項をおさえ、2）俳句を作り、3）俳句を批評し合い、4）自身の俳句を練り直し、5）学んだことを振り返ってまとめる、全3時間を使って行われる実践であった。1）の俳句の学習事項については、教員が、教科書や補助資料、そしてGIGA端末を用いて、一斉に前面の大型提示装置に示すとともに、様々な事例を個々の端末に送信して説明を行い、児童の経験なども取り上げながら、俳句を作り、詠む例を写真と言葉で示していた。テレビ番組の影響もあり、大変俳句に詳しい児童もいて、児童同士で俳句について語り合う場面など見られた。次に2）俳句を作るところでは、児

童は自身の俳句とそのイメージについて言葉や絵、写真などを使いながらその解説スライドを作っていた。3）の俳句の批評では、児童がみんなで共有してもよいとした作品を、無記名でクラス全体で共有し、それぞれの俳句に、記名で感想やコメントを記述する時間が設けられた。教員は、感想やコメントについて比較的均等に作者がもらえるように、批評を書く対象となる作品をグループ化（ランダムグループ）し、それを批評する児童もグループ化（ランダムグループ）し、時間を区切って、それを2から3週繰り返す工夫していた。誰の作品かは批評する児童にはわからないが、批評する児童は責任をもって感想やコメントを記載することをみんなでルール化し、記名で書かせていた。また無記名作品に対する記名の批評コメントは、他の児童（ランダムグループ間ではあるが）も見ることができ、批評の書き方など、批評をする時間に相互に参照しながらその活動が進められるようにされていた。4）の自身の俳句を練り直す場面では、自身の俳句に対しての感想やコメントを読んで作品の練り直しが行われ、その後、全体でその作品が共有された。教員はいくつか作品を選び、変わった点なども取り上げながら、学びのポイントなどについて児童の声をひろう工夫をしていた。5）の学んだことを振り返るでは、児童がそれぞれ学んだことを記載し、それを作品や批評コメントとともに、自身の学びの成果として俳句のフォルダーに保存するようにされていた。

　この実践に見られるように、GIGA端末の活用は、情報の共有だけでなく、必要に応じて情報にアクセスできる範囲を柔軟に切り替え、学習プロセスやコミュニケーション過程を視覚化し、記録を残しながら、集団で一緒に作っていくこと（情報の共有だけでなく、リアルタイム相互作用の様子の共有）ができる実践を可能にしてくれる。上記のような取り組みを、GIGA端末を活用しないで行おうとした場合、その準備や提示、グループ分け、記録の残し方などにかなりの時間を要する。さらに言えば、手元で批評を書いている様子を相互参照し、まねながら学びながらその活動に参加し、ランダムに分けられた批評グループではあるが、限られた時間の中で託された作品に関わってチームで批評する（個々人で書きながら、チームで割り当て作品すべてに一斉に批評をいれていく）ということは不可能であった。

　またこの実践から派生的に見えてきたことであるが、クラスで一目置かれ

ている児童に対して、対面ではなかなかコメントは言いにくいことが児童同士にはあるのかもしれない。しかしこの度はそれがブラインドされた。また一方で、作品に対するコメントには、俳句の学習事項やみんなで決めたルールを守り、責任をもって記述するため記名とした。そのため、日頃優秀で一目置かれている児童も対等にみんなからコメントをもらい、多少ショックを感じている姿も見られたが、そこで学ぶ機会を得、さらに頑張ろうとする姿が見られた。一方で、おとなしくあまり優秀とクラスでみなされてこなかった児童の作品が、多くの評価者から良いコメントをもらい、自信を持ち、学習へ積極的に関わり、表示や態度が変わっていく姿が垣間見られた。GIGA端末の活用の可能性を学校で見つめ、蓄積する必要がある。

　この先、教科の学習活動の内容によっては、また総合的な学習の時間などで展開される、探究的な学習活動では、GIGA端末を用いてプロジェクトベースで進めることも多いと思われる。その際、児童生徒は、対面やリアルタイムでないところで、分業で進めていることなどを確認し合い（途中経過の様子を情報共有し）、その経過で考えを視覚化しながら話し合う相互行為プロセスを共有する機会がますます増え、そこへの参加が求められてくるかもしれない。そしてそこでは多様な情報様式（テキスト、数値、表グラフ、絵、写真、動画、アニメーションほか）で話し合うことも増えてくると思われる。その際、自分に合った情報の処理の仕方（知覚のスタイルなど）や表現コミュニケーションの仕方、自分の学びのスタイルに応じて、一人で学ぶことに加えて、集団で学んでいく上で、どのような道具を使って学び、問題解決やさらなる問題発見、探究に関与していくか、児童生徒は選択する場面と遭遇するだろう。それに向けて、教員は、児童生徒に活動の見通しを持たせ、目的に応じて様々な道具を使える力（情報モラルの指導も含めた学習の基盤としての情報活用能力）をつけていく授業の構想力や指導力を磨くことが求められてくるかもしれない。

5　授業研究を軸としたGIGA端末の活用を考える研修

　では、どのように上記のような授業の構想力や指導力を私たちは磨いていったらいいのか。学校は組織としてこれらのことに対応していくことがで

きるのか。それには、GIGA端末が、学習活動にどのような意味があるのか、どのようなことが可能かというイメージを持つだけでなく、実際にその活用プロセスを体験する研修が意味を持つ。校内研修で機器やアプリケーションの操作、得意な先生の授業を見てみんなで学ぶなどは多く行われていると思われる。しかし実際に授業を見る、本で読む、話を聞くだけでなく、以下のような研修と授業研究など組み合わせていくことが、教員の専門性を磨き、児童生徒の学習活動を豊かにし、学校組織として情報化への対応を底上げしていくことへ一歩踏み出すきっかけとなる。

　例えば、授業研究の前にマイクロティーチングに似た研修を入れる事例がある。頭で理解することに留まらず、体験ができる研修を考えていくことが重要となる。実感を伴う研修、つまり模擬的にある場面を取り上げて実際にやってみるショート場面研修をしていくことが意味を持つ。

　道徳の授業をイメージしてほしい。1枚の写真「ハゲワシと少女」をみせて、それに対して、自分はどのような立場か、短いコメントを書いて、自分の立場を示し、話し合っていく学習場面を取り上げたとする。GoogleのJamboardを使って、横に線を1本引いて、「左が少女を助ける、右が写真を撮る」とし、その線の間を均等に10段階に分け、自分はどの位置の立場か、その理由をカードにコメントを書いて、好きに配置していくように児童に指示を出す場面とする。教員として、1）子どもたちが考える状況に誘うために写真をどう見せるか、どう問いかけるか。2）GoogleのJamboardの利用についてどう児童に説明するか。3）話し合うために、思考を視覚化組織化していく上でJamboardをどう使うか？

　教員研修で4人位のグループに分かれて、教員自身が教員役と児童役に分かれ、GIGA端末を用いた授業場面をシミュレーションしながら研修を行う。4人でローテーションで役割を体験し、授業者と学習者の両方の視点からその授業場面を考えるようにする。そしてうまくJamboardにコメントが書けない子がいたらどうするか。コメントに書いてもらう時間は何分がいいのか？3段階ステップにして、最初は2分くらいで、書ける児童が書いているものをスクリーンに映して、このように書いたらいいんだというイメージをクラス全体に伝える。2回目はある程度でそろったら（それからだいたい3分後）、話し合いを始める。3回目は話し合って、自分の立つ位置を変更

する場合、それを変更する機会を設け、クラス全体でまた話し合う、など。様々授業イメージを出し合う際に、ICTを実際に使う体験を通しながら行う。

　上記のような研修は、この場面を通じて指導イメージ、そこでの児童の姿を自由に話し合う機会になるだけでなく、他の授業の話し合い場面を教員がイメージする機会にもなり、教員の主体性を喚起することにつながる。授業研究の下準備として具体的な指導場面のイメージ持たせ、教育のプロとしての心に灯をともすことにつながる。これまでの研修の財産で上記のことと関わる研修があれば、それを整理し、意味づけ、関連付け、周知すると追加の負担感も軽減され、授業づくりを要とした学校の文化づくりにも寄与できる取組となる。

　以上のように、授業研究とその前に実感を伴う研修を組み合わせる工夫は、GIGA端末の活用を教員一人ひとりの経験とつなげ、吟味する機会を与える意味を持つと考えられる。

引用参考文献

1 ）https://www.mext.go.jp/a_menu/other/index_0001111.htm（最終閲覧日2022年 9 月18日）

https://www.mext.go.jp/content/20200625-mxt_syoto01-000003278_1.pdf（最終閲覧日2022年 9 月18日）

2 ）https://www.meti.go.jp/shingikai/sankoshin/shomu_ryutsu/kyoiku_innovation/manabi_jidoka_wg/pdf/004_03_01.pdf（最終閲覧日2022年 9 月18日）

3 ）小柳和喜雄「教育の情報化の推進と教師像の変化」日本教師教育学会年報（30）、2021年、64-74頁.

（小柳　和喜雄）

第4章

地域づくりと学校づくりの展望と課題
── 震災復興後の地域と学校間の連携 ──

はじめに

　2011年3月11日に発災した東日本大震災から、およそ12年が経とうとしている。この災害に対して、太平洋岸東北3県を中心に、沿岸被災地のみならず、中山間地、内陸部も含め、復興防災教育、放射線教育など、幅広い教育実践が展開された。

　未曾有の自然災害に対して、これからの将来の地域社会を復旧・復興させるための教育は、学校・家庭・地域を繋いで社会全体で取り組まれるべき課題として認識されてきた。

　その際、意識されてきたのが、これからの地域づくりを担い、主体的に地域づくりに関わり行動できる力量を備えた主体的な人間の育成である。

　これからの未来を担う子どもたちがその発達に応じて、地域づくり、学校づくりの実践を通して、当事者として大人とともに地域づくりに参画し、地域を支える人材へと成長・発達していくことが求められている。

　これまでも被災地の復興に向けて、地域住民の参画によるまちづくりの事例は多く見られる[1]。しかし、地域づくりは、地域を支える創造的な人間の育成のために、成長発達のビジョンを踏まえつつ、子どもたち自身も、大人とともに地域の様々な課題の解決に協働で取り組み、徐々に参画のレベルを上げていくことも求められる。

　そのため、校種をつなぐ学校教育の長期的な視野のもとでの社会参画の力の育成を念頭においたカリキュラムビジョンが必要となる。

　また、子どもの参画のレベルを高めるための見通しを提起した研究として、早くは1990年代後半から、例えば、ロジャー・ハートの参加階梯論やメアリー・ジョンの参加の橋づくり論などもあり[2]、それらの理論による実践的

貢献度も期待される。

　本稿では、東日本大震災後の被災地、特に筆者が関わってきた岩手の現実を紹介しながら、これから求められる地域づくり、学校づくりを実現していくための視点を提示したい。

1　東日本大震災からの復興をめぐる現実

　2011年3月11日午後2時46分に発生した東日本大震災は未曾有の大地震であり、当時の住宅被害で全壊12万1996棟、半壊28万2941棟といわれている（消防庁発表）。

　その後、復興道路・復興支援道路（青森、岩手、宮城、福島）は令和3年12月時点で570km全線開通、災害公営住宅（青森、岩手、宮城、福島、茨城、千葉、新潟、長野）は令和2年12月時点で、29,654戸で当初計画100％達成、高台移転による宅地造成（岩手、宮城、福島）は、令和2年12月時点で、18,226戸で当初計画100％達成というように、被災地のインフラ整備はかなり進んでいる[3]。しかし、人口動態を見れば、震災後の10年間でも被災地3県の人口減が進んでいる。例えば、岩手県は2011年3月1日時点で県全体132万6643人であったが、2021年2月1日時点で県全体120万8412人と、10年間で11万8231人の人口減である。同様に、宮城県では先述の岩手県の場合と同じ期間において、234万6853人から228万9726人へと5万7127人の人口減、福島県では同じ期間において、202万4401人から181万9236人へと20万5165人の人口減である[4]。

　この人口減は、年少人口においても顕著で、震災後は小中の学校統廃合も進んでいる。例えば、岩手県における平成元年と令和3年の比較では、公立小学校数において平成元年度530校が令和3年度296校であり、234校の減少である。また、公立小学校減少率を見ると、岩手県は減少率55.8％（これは、平成元年を100校とすると、令和3年には55.8校に減っているという意味）であり、全国比較では青森県（52.1）、秋田県（52.8）に次ぐ全国第3位である。公立中学校において平成元年度530校が令和3年度296校であり、234校の減少である。同じく。公立中学校減少率を見ると、岩手県は減少率65.4％であり、全国比較では山形県（63.0）に次ぐ全国第2位という状況である[5]。

2 地域づくり・学校づくりの理論的基盤

1）地域づくりの核となる「シビックプライド」の醸成
—— 目的・目標論 ——

　2010年前後から、まちづくり（都市計画）を考える際に、「シビックプライド」という概念が使われるようになってきた。もとは英国やヨーロッパ諸国で使われ日本でも用いられるようになってきた。

　この概念について伊藤（2008）は、「市民が都市に対してもつ誇りや愛情をシビックプライド（Civic Pride）というが、日本語の郷土愛とは少々ニュアンスが異なり、自分はこの都市を構成する一員でここをよりよい場所にするために関わっているという意識を伴う。つまり、ある種の当事者意識に基づく自負心と言える」[6]としている。

　この定義からうかがえるように、シビックプライドでは、単なる郷土を愛するという表層的な意識を超えて、ふるさとに関心を持ち、その地域の変革のために自分自身がコミットしたい、あるいは現実にコミットすることによって、地域が変わることを自ら実感し、それにより自分なりの地域における存在価値を意識できる状態を意味すると解釈できる。

　今日、18歳選挙権年齢の引き下げや、高校社会科「公共」の創設など、主権者教育やシティズンシップ教育の重要性が強調される。一方で、国連の子どもの権利条約の趣旨や同条約第12条の意見表明権に照らせば、子ども自身の利害に関わる事柄に対しては、子ども自身が意見を言えることが必要である。また、その利害がかかわる事柄に関する決定場面に、子どもたちも大人とともに、対等な当事者として関わること、すなわち子どもの参画の保障もまた必要である。ここでの必要条件は、「参画の場の保障」と「当事者間の関係性の変容（協議を通した大人側と子ども側の関わりを通した相互の変容）」である。

　様々な学校づくりや社会づくり（まちづくり）に参画できる力を形成していくために、子どもたちが、多様な他者とともに当事者として協議し、決定に関わっていく経験が実践的に不可欠である。すなわち、学校内外において子どもに参画の場を保障していくことが大人側（教師側）の責務にもなって

いく。その意味では、「大人側の意識の変革」こそが重要な前提条件である。

　参画の場を保障される中で、子どもたち自身が、自分が関わることにより、自分の意見が聞き入れられたり、採用されたりして、実際に地域が変わるという実感を持ち、自分の存在価値を自覚できるようになること、当事者として、地域に貢献できているという意識を感じ、愛着感をもつことも、実践的な行動意欲を高めるために不可欠であろう。

　このように自らが地域の変容に当事者として関わること、その関わりに意味があり成果があることを実感し、地域への愛着が湧くことを示す概念がシビックプライドといえる。

　地域に関わろうとする意識と行為行動とを統一しうる概念としてシビックプライドを理解するならば、それは同時に、子どもたちが所属し活動する学校においても該当しうる概念として用いることができよう。

　従来、総合的学習では、社会参画力の育成を目標として設定する場合もあったが、より精緻化して、これからの学校や地域を創る主体形成を実現するために、その下位の教育目標として、「シビックプライドの醸成」を措定したい。そして、社会参画力育成のためには、学校や地域をより良くするための課題解決に関わる「参画の場の保障」と、その教育活動の内容として、「大人とともに子どもも当事者として参画して解決行動に関わりうる身近な地域の課題を設定すること」（探究的な地域課題の重視）を保障するカリキュラムの構築が求められる。

2）地域づくり・学校づくりを実現するテーマとしての「地域課題」（内容論）

　現在の教育課程改革では、学校教育で学んだことが、子どもたちが成長して、将来の社会で活用できるようになることが求められている。学校教育では、学校での生活に関わる問題、地域では、地域での身近な生活に関わる問題は、子どもたちにとって、特にイメージしやすく、自分たちも真剣に当事者意識をもって考え、解決に向けての一定の策を考えやすいといえる。このように、学校生活で解決を求められる課題、あるいは、地域での解決を求められる課題を総合的な学習の時間をはじめ、教育活動で取り上げることは学校づくり、地域づくりの当事者として育つための学習素材として最適である。地域課題の解決を基盤におくカリキュラム構成上の大きな枠組みとして、

「地域を学ぶ」（小低・小中）⇔「地域から学ぶ」（小中・小高）⇔「地域を創る」（小高・中・高）という、地域を核にした学びの発展プロセスが構想できる。

　もちろん、地域課題の解決という場合、地域に限定された素材のみを扱うわけではなく、比較対象として、地域を越えるグローバルな素材も学習対象には含まれる。

　また、ここで取り上げる「地域課題」とは、シビックプライドに注目することからも、マイナス的な課題だけでは無く、プラス的側面、すなわち、地域の良さや特色についても取り上げ、それをさらに発展させるために何が必要であり、何ができるかという、課題のプラスマイナスの両面性を踏まえることが想定される。

　さらに、学校づくり、地域づくりにつなげていく場合、既存の社会や学校のあり方について、社会規範や学校規範、学校文化、教員文化を問い直すことができる力を子どもたちには育てていくことが狙いとなる。新たな価値を創り出す力は、OECD Education2030プロジェクトの新たなコンピテンシーでも強調されるが、教師や学校の引いたレール通りでは無く、それに一度は適応しつつも、それをさらに乗り越えて新たな価値を創り出せる力をこそ、これからの子どもたちには形成していくことも、絶体解のない、価値多様性の時代には必要である。ここまで、教師自身の意識が開かれるか、子どもたちにどこまで任せつつ対等な協議ができるか、教師自身の子ども観、教育観が問われるといえるであろう。

3）地域づくり・学校づくりの主体を育てる「参画の場」の保障
—— 方法論 ——

　では、社会参画力の育成にもつながる、子どもの参加の質の発展をどのように考えればよいのであろうか。

　子どもの参加については、先に挙げたロジャー・ハートの参加階梯モデルがある。子どもが大人の操りになる形式的参加のレベル、情報は与えられ話し合いにも加わるが最終決定権は大人が担うという参加のレベル、子どもも大人も当事者として目標共有・企画立案・実施・評価に至るまで加わり最終決定権を子どもも大人と共有する参画のレベルとして想定される[7]。今日の日本の子どもの学校参加実践の参考にもなったドイツ各州の学校参加法制で

は、子どもが情報を受ける権利を基盤に、参加のレベルを「関与」「決定」に分けている[8]。これらをもとに、子どもの「参加」は、「集合」「関与」「決定（参画）」の三つのレベルで考えることができる。

　すなわち、参加のレベルを「集合としての参加」（その場に集まっているだけ）から、「関与としての参加」（子どもには意見を聞くだけで、取り上げるか否かの最終決定権は教師にあり）へ、さらに、「決定としての参加＝参画」（教師と子ども、子ども相互が当事者として共同して計画立案実施評価のプロセスにも加わり、共同決定する）へと質的に高めていくことが必要である。その実現過程において、学校行事の決定場面や学級活動における話し合いなど、学校づくりにおける自治的活動において、子どもへの情報提供を前提に、子どもの参加の質的発展を保障するための教師の意識が求められる。

　つまり、子どもたちの参画の場の保障と、それを組織する教師側や大人側の意識という2つの条件が揃う場合に、子どもの参画による社会実践的力量が形成されることになろう。すなわち、シビックプライドを備えた実践的行動力としての社会参画力が育成されることにつながる。

3　子どもの「社会参加（参画）」に関わる実践例（岩手県）

1）震災後初期の地域の復興にかかわる学校実践（野田村立野田中）

　岩手県野田村は、2011年3月11日の東日本大震災の際、津波被害により全壊家屋300棟以上という被害を受けた。津波被害後の村の復興に関して、家屋の高台移転や防波堤の設置など、震災復興のまちづくりをどのように考えるか、地域住民を含めて幅広く検討を進めることとなった。その際、村内の野田中学校（生徒数約130名）でも、中学生としての村の将来を見据えたまちづくりのプランに関わることとなった。

　2011（平成23）年4月の新学期から、中学生たちは村の復興のために何かをしたいという声をあげていた。当時の社会科教諭が、復興に向けて子どもたちの声を生かせないかと村役場の職員に持ちかけたところ、村でも中学生の意見を復興計画に反映させていきたいということで、中学生による「復興計画」プランづくりがスタートした。

　初年度は、社会科の地方自治の授業で取り組み、総合的な学習の時間も活

用しながら、村から提供を受けた村の復興に関わる当時の計画案などを参考に、3年生50人が各学級でグループ毎に議論し復興プランを作成した。その成果としての「復興計画」案を、同年10月の文化祭で発表し、12月7日に村長に対して「復興計画」書を提出した。

　計画の内容は、自然エネルギーの推進と実用化について、小水力発電や太陽光発電の導入のメリット・デメリットを踏まえた可能性、また、暮らしやすい村にするために、第3堤防の海側に整備予定の公園に綿花やヒマワリを植える、高台に住宅地と商業施設をつくり新市街地を形成する、ネットや電話で商店に注文し配達する仕組みづくりの整備などである。

　中学校で行われた復興計画贈呈式に参列した村長は、村の将来を担う若者の意見を今後の事業計画の策定の中で積極的に活用する考えを示した。

　2012（平成24）年度は、前年の計画案を引き継ぎながら、村から公園づくりについてのプランをより具体化してほしいとの要望を受け、当時の3年生の社会科と総合的学習の時間を活用して、先輩たちのプランのふり返りと、村の復興まちづくり計画の中で、自分たち独自の公園づくりの計画を検討した。同年8月23日には、村づくり推進課の協力を得ながら、公園の設計を委託されたコンサルタントや大学関係者も参加しての都市公園ワークショップを中学校で開催し、子どもたちだけでなく、高齢者や村民も憩える公園の発想を話し合った。プランとして出されたのは、イベント広場やドッグラン、復興祈念碑建設、花の公園、流されたゲートボール場に替わる健康増進のための運動広場などであった。

　これらの計画案は、各学級で発表後、10月の文化祭でも発表され、村にも提案した。

　2013（平成25）年度も、3年生の社会科・総合的学習を中心に、さらに公園づくりの内容に絞って、保護者や設計コンサルタント、行政担当者、大学関係者などと子どもたちがワークショップを実施し、森の公園というプランを具体化した。その際、自然公園としての機能を持たせるための植林には資金が必要なため、地元の工房の活動を参考に、震災による流木・倒木、がれきからの廃材を利用して、木製ストラップを作製販売することを子どもたちから発案され、地元の工房の協力を得ながらストラップを制作・販売した。

　2014（平成26）年度は、前年を引き継ぎ、公園づくりでどこに何の植物を

植えるかを検討した。あわせて、昨年のストラップの収益金で苗木を購入し、将来、公園に植えるために校庭に植えて育てる活動も行った。以降は、具体的な植樹のための活動が行われている[9]。

　震災後の野田中学校の取り組みは、地元の中学生たち自身が、まちづくりの当事者として、積極的に社会参画する態度と実践的行動力が形成されてきたと実感する契機にもなっている。

２）学校外の地域づくりの実践（セーブ・ザ・チルドレン・ジャパン）

　東日本大震災後、行政や地域の大人とともに子どももまちづくりに参画した例として、セーブ・ザ・チルドレン・ジャパンの「子どもまちづくりクラブ」の活動がある。

　セーブ・ザ・チルドレン・ジャパンでは、2011年5月24日から6月4日にかけて、宮城県と岩手県の小学4年生から高校3年生までを対象にアンケート調査を行い、11,008名から回答が得られた。その結果、「自分のまちのために何かしたい」と回答した子どもたちが約87%、「自分のまちをよくするために、人と話しをしてみたい」と回答した子どもたちが約77%、であった[10]。このアンケートにおける子どもたちの声を受けて、岩手県山田町、陸前高田市、宮城県石巻市で「子どもまちづくりクラブ」がスタートした。

　陸前高田市の「子どもまちづくりクラブ」は、2011年6月に活動開始。クラブの名称は、「絆　～ save the hope TAKATA ～」（通称・絆クラブ）として毎週1回の活動を開始した。

　2011年11月には、子どもたちと話し合いながら、市長あてに、「復興計画策定・実施・評価モニタリングというプロジェクトサイクルのすべてのプロセスに子どもたちの声を反映させることができる、子ども参加の制度を創設すること」という要望書が提出された。

　「子どもまちづくりクラブ」の子どもたちは、市長から市立図書館再建に関する要望書の提出を打診されたことを受けて、2014年9月には、クラブで協議したことを踏まえた市立図書館再建案を作成し、市長・副市長なども参加した報告会で提案を行った。その後、子どもたちの要望や多様な青少年や地域の人々の声を踏まえ、児童コーナーと配架内容、開放的空間などを実現し、2017年7月20日に市内中心部に新規オープンしている。

　また、震災4年後の2015年8月3日に、陸前高田市子どもまちづくりクラブの子どもたちは、復興まちづくりのための提言書を復興庁に届けた。それをもとに、陸前高田市「子どもまちづくりクラブ」として作成し直した復興まちづくりのための提言書を、2015年10月27日に陸前高田市長に提出している。その要望の柱は次の2点。「1、私たちは、学校でも復興について学ぶ場がほしい。2、私たちは、子どもとおとなが対等に話せる場がほしい。」という子どもの声が届けられている[11]。

　この活動は、NGO団体が介在しつつ学校を超えた小中高生の地域活動として震災後初期段階から展開された実践事例である。現在は、陸前高田市ではセーブザチルドレンの活動支援の終了（2015年12月13日に、市役所にて最終報告会開催）に伴い、子どもまちづくりクラブも解散している。

　今後は、学校や地域での子どもの声を生かす仕組みづくりが課題であり、学校教育においてまちづくりへの参画につながる活動が模索されている。

3）岩手県住田町小中高5校の小中高接続カリキュラム

「地域創造学」の実践

　岩手県住田町小中高5校では、文部科学省研究開発学校の指定を受け（平成29～令和3年度、令和4年度も課題継続）、国の基準によらない教育課程の編成が認められている。

　住田町は、三陸沿岸から大船渡市、陸前高田市に隣接した中山間地に該当する。住田町では、行政計画の全体の中に教育計画を取り込みながら、町が抱える少子高齢化、人材流出・人口減少、震災後の復興という課題に対して、これからの地域をつくる人材の育成のため、町内の公立小中高全5校（小2校、中2校、高1校）の校種をつなぐ小中高一貫の新教科「地域創造学」（「総合的な学習の時間」を中心とする）を設定し、そのカリキュラムの開発に取り組んでいる。

　住田町では、小・中・高等学校の12年間を通して、「子どもたちが変化の激しい社会において、充実した人生を実現していくために、自ら主体的に未来の社会を創造していくことのできる力（社会的実践力）の育成」を目指し、図のように住田町研究開発グランドデザインを掲げている。そして、その中核に、社会参画力、自律的活動力、人間関係形成力がある。さらにそれらは、

細かく、12の資質・能力に整理されている。

　グランドデザインの中心となるのが「地域創造学」であり、そこでは、住田町及び近郊地域社会をフィールドにした横断的で探究的な学習活動を計画的に行うことを通して、新しい時代を切り拓き、社会を創造していくための社会的実践力を身に付けた心豊かな人材を育成することを目指している。

　さらに、学習指導要領解説地域創造学編（試案）を住田町教育委員会が独自に作成し、小中高が共通して児童生徒の主体性を重視した指導方法等に取り組んでいる。

　住田町の「地域創造学」では、特に「地域の課題」を取り上げることを重視するが、その場合、地域の解決課題をマイナス面として捉えるだけで無く、地域の良さを知り、それをさらに伸ばすために何ができるかという、プラス面にも目を向けながら、まさに子どもたちに、シビックプライドを育てるた

図：住田町研究開発グランドデザイン

住田町研究開発グランドデザイン

（住田町　平成29〜令和３年度　文科省研究開発学校指定　第５年次学校公開研究会紀要2021より）

めの実践が展開されている。

　そして中学校段階でも、高校段階でも、子どもたちの十分な調査・分析に基づく提言行動が実現されており、実際にそれらの提言行動が地域や学校の変容を実現している点が成果といえる（中：栄養バランスと地産地消を考慮した給食献立の実現。高：地域在住の海外労働者に優しいまちづくりとして、ゴミ集積場における母国語でのゴミ分別標記の掲示提案と行政による提案の実現等)[12]。

3）子どもの社会参画を目ざす実践の意義

　岩手県の3つの実践例は、いずれの実践も、子どもたちが復興まちづくりのための社会参画に関わった実践例である。まずは、大人側で参加の場を保障するところから出発し、子どもたちが意見を表明するために、十分な情報が提供されている点で共通している。また、関わる大人(教師)の意識として、将来の主権者である子どもの声をまちづくりに生かしたい（声を聞く）という思いが背景にある。特に、学校外実践は、NGOが子どもの権利に関わる団体の実践であることから、子どもの参画の権利を強く意識していることがうかがえる。

　活動後に子どもたちは、学校内外の違いはあれ、調査探究活動、ワークショップや報告会・発表会での質疑応答や子どたちの討論・協議を重ねている。活動に関わることで自分のまちのこと、社会・政治についての関心も高まったとの意見も多く、自分たちの行動についての自信や大人・仲間との話し合いで自分の思ったことを発信交流できていると感じている。特に、学校外実践では、小中高と、異年齢集団での交流が実現しており、仲間からの刺激を受け、子どもたちの思考の巾の広がりが実現している。特に、行政担当者のトップが、交流活動に積極的に参加し、子どもたちの声を聞いて施策にも実際に反映されていることが、子どもたちの自信やモティベーションが高まる理由でもある。

おわりに

　社会参画できる市民の育成に向けての子どもの参画は、シビックプライドの醸成も含めて、学校づくりはもちろん、まちづくり（地域づくり）の場面

において、必要不可欠な視点といえる。子どもたちも、大人たちと共通の日常生活上の問題をめぐって議論することで、当事者意識を持ちやすくなる。

　先に紹介した岩手県の実践例は、いずれも、子どもたちが大人たちと同じ土俵で議論ができており、これからの地域づくり、学校づくりが目ざす、主体的に考え、自ら行動できる子どもたちを育むための参考になりうるケースである。

　特に、当該地域の学校在学中にその地域と関わって実践的活動を展開し、地域に様々に提言し、行動してきた経験は、その地域へのシビックプライドを生み、その土地に住んでいない場合でも、関係人口の視点から、その地域に関わる意識をもち、地域のために何か行動を起こして地域づくりにコミットする人々を潜在的に増やすという効果も期待できる[13]。

　もちろん、社会参画は子どもたちだけで実現しうるものではなく、大人たちの理解と援助があればこそ実現できるという側面がある。また、教員側にも意識変革と行動力がなければ、いつでも、どこでも、誰でもが実践できるというわけではない。

　大人が主導して子どもを指導する関係にとどまらず、子どもの声を尊重し、子どもと大人の対等なパートナーシップの関係を築いていくことは未だに大きな課題である。

　今日では、市民性（シティズンシップ）の育成も大きな論点となっているが、シビックプライドの醸成も含めて、地域や学校での子どもの参画の機会の十分な保障を通じた、子どもと大人の関係の質的変容による子どもの社会的実践力育成の意義を今後も問い続ける必要があるだろう。

註

1 ）まちづくりの計画策定への住民参画の例として、福島県相馬郡新地町（平成25年４月～10月）や、宮城県宮城郡七ヶ浜町（平成25年～26年）などがある（復興庁「がんばれ復興!!　まちづくりトップランナー（復興まちづくり先導事例集）」を参照。

2 ）喜多明人「子どもの権利条約と子ども参加の理論」『立正大学立正大学文学部論叢』第98号、73-97頁、1993年。田代高章「子どもの「参加」論に関する一考察：R. Hartの参加論を中心に」中国四国教育学会『教育学研究紀要』41巻(1)、271-276頁、1996年。田代高章「子どもの権利とエンパワーメント」日本生活指導学会編『生活指導研究16』84-96頁、1999年。など。

3 ）岩手県「主な取組の進捗状況・いわて復興インデックス」（令和４年５月）参照。

4）毎日新聞2011年3月11日付、被災地関連特集記事参照。

5）岩手県「第4回 持続可能で希望ある岩手を実現する行財政研究会」（令和4年7月13日）配付資料3「生徒数及び学校数等の推移」（岩手県総務部）参照。

6）伊藤香織「シビックプライドとは何か」『シビックプライド』宣伝会議、2008年、164頁。

7）Roger A.Hart "Children's Participation" Earthscan,1997,pp.41-45.

8）柳澤良明『ドイツ学校経営の研究』亜紀書房1996年参照。

9）2013年7月8日、2014年10月9日における筆者の野田中訪問時の聞き取りから。また、岩手日報2012年8月28日の新聞記事「被災地コミュニティの今」より。

10）公益社団法人セーブ・ザ・チルドレン・ジャパン『Hear Our Voice①子どもたちの声〜子どもの参加に関する意識アンケート調査〜』2011年7月発行参照。

11）セーブ・ザ・チルドレン・ジャパン、活動報告「子どもまちづくりクラブVol.69〜岩手県陸前高田市〜」（https://www.savechildren.or.jp/scjcms/sc_activity.php?d=2139）参照。

12）田代高章・阿部昇編『「生きる力」を育む総合的な学習の時間』福村出版、2021年、182-198頁参照。

13）松下啓一『市民がつくる、わがまちの誇り シビックプライド政策の理論と実際』水曜社、2021年、81-83頁参照。

付記：本稿は、日本学術振興会2020年度科学研究費補助金 基盤研究（C）課題番号20K02505の研究成果の一部である

（田代　高章）

第5章

子どもの抱える課題に学校はどう応えるか
──── 高等学校における授業研究の困難と展望 ────

　「なんで和歌山から二時間もかけて来るん？」「こんな学校の授業、見ても意味ないで」。大阪府立A高等学校にかかわった7年間に、たくさんの生徒たちから言われたことばである。「どうせA高校やし」という発言もよく聞いた。偏差値で輪切りにされた高校階層構造のなかで「最底辺」に位置づき、現代社会で生きる子どもや家族が抱える課題が集積していた。本稿では、A高校の授業の取り組みを軸に、学校づくりの展望を提起したい。

1　A高校における模索

1）生徒の実態とその背景を認識する授業づくり

　A高校の授業を参観するようになったのは、全国高校生活指導研究協議会（高生研）の仲間であり、筆者の出身高校の大先輩でもある大澤仁教諭（仮名）の学校を見てみたいという動機からである。A高校から要請があったわけではない。

　2012年6月、初めてA高校の授業を参観した。授業前に授業者（若手教師）と廊下に立っていると、「先生（授業者）の彼女？」と生徒に聞かれて驚いた。その初参観の授業では、「今日は寝るって決めていた。おやすみ！」と言って机に突っ伏す生徒に衝撃を受けた。

　2012年度に貧困問題の授業をおこなった大澤教諭は、同校の生徒の実態を次のように表現している。「勉強ができる・できない」の一元的評価軸のなかで傷つき、小中学校での成功体験の乏しさゆえに、「どうせやっても一緒」「どうせA高校やし」という具合で何事によらず自信がなく学校生活に対する意欲に欠けている[1]。一元的な価値観のなかで評価され、自信をなくし、意欲をなくしている生徒、家庭の貧困や学校教育の在り方が要因となって発

達段階に応じた成功体験が与えられていない生徒、適切な環境や指導のもとで発達可能性を伸ばす機会が奪われている生徒がいた。

　このような生徒の実態をふまえ、大澤教諭は学校設定科目「時事問題」において、貧困問題の授業をおこなった[2]。筆者は、当該単元11時間のうち6時間を参観し、フィールドノーツに記録した生徒と教師の発言をもとに、授業のふりかえりと構成に携わった。

　この実践は、貧困の可視化をねらいとして、自分の問題でもあり、社会全体でとりくむ問題であるという認識を形成しようとしたものである。単元最初の授業は、数日前にJR大阪駅近くで起きたホームレス襲撃事件を報じる新聞記事の読み取りから始まり、単元を進めていくなかで、「相対的貧困率」といった概念やその推移、生活保護制度とその課題などを、自作プリントやテレビ番組を用いて学んでいった。目に見える現実と、その背景にある雇用状況の悪化や社会保障の問題といった社会構造をつかませる内容となっていた。大澤教諭の授業は、偏見ともとれる生徒たちの発言を否定せず、認識主体同士が教材を媒介として対話によって認識を広げていく授業であった。

　教師には、「日常生活の矛盾や問題を、つねにマクロな社会的・政治的条件との関連においてとらえて指導しうるだけの科学的認識の広さと高さが要求されてくる」[3]と吉本均は述べていた。大澤教諭の貧困問題の授業は、生徒の実態と、その背景にある社会構造とを関連させながら、身近で起きた事件を題材に日本の貧困問題について考え、生徒が生活現実を認識し、それまでに抱いていた価値観とは異なる価値観にも出会わせる実践であった。

2）授業研究のかたち

　A高校の授業を参観するにあたり、研究授業を複数の教職員で参観して協議をおこなうという「授業研究」がいつか形になったらいいなという願望が筆者にはあった。しかし、高校の内部にある「壁」は、そう簡単に超えられるものではない。

　研究授業ではなく普段の授業を、筆者一人であるいはゼミの学生たちと参観した。各授業のなかで見た授業の事実と、それに対する筆者の解釈や疑問をレポートにまとめて、後日その授業者に直接渡しながら立ち話をすることでフィードバックをおこなった。筆者は、「発達の最近接領域」の概念（「子

どもの現下の発達水準と可能的発達水準とのあいだのへだたり」であり、「自力で
解決する問題によって規定される前者と、おとなに指導されたり自分よりもでき
る仲間との共同で子どもが解く問題によって規定される後者とのへだたり」とし
て規定されている概念である)[4]を一つの視点にしているため、その観点をふま
えたコメントになる。

　当初は、大澤教諭の授業を中心に社会科の授業を参観していたが、大澤教
諭の働きかけにより、他教科の授業も参観できるようになった。そうして書
き溜めていったレポートの一部を抜粋しながら、2012年12月の校内研修にお
いて「生徒たちの実態をふまえた授業づくりとは」という題で講師を務めた。
日本における授業研究の歴史と動向を話したうえで、それまでに参観したA
高校の授業から学びたいエッセンスを整理して提示した。

　次の図表は、そのレジュメの一部である。

図表　2012年12月の校内研修レジュメの一部
(実際に提示したものは教諭名を明記した)

1．教育観と結びついた授業展開
① 　一人ひとりの学びを保障すること－B先生の数学の授業（11月5日）
　授業の最初にいつもしている計算特訓プリントの答え合わせ。順番に生徒を
指名し、口頭で解法を答えさせていると、わかっている生徒が横から答えよう
とする場面が何度もあった。
　そのたびに先生が「まわり言わんでいいよー」と注意していた。
→わかると言いたくなる生徒にその衝動性を抑えることを要求しているだけで
　なく、「今はこの子が考えているんだ。この子が問題解決するときなんだ。」
　ということをまわりに示唆しながら（言ってはいない）、生徒の答える時間
　を保障されている。
　生徒をせかすことなく、「筆算していい？」と聞く生徒には「いいよ」と答
えてその時間を待つ……当たり前のことのようだが、こうした地道な一対一の
かかわりが、これまでわからなくてもほったらかしにされていたような生徒た
ちにとっては、「あなたに答えてほしい」「見捨てていない」というメッセージ
を伝えることになる。

「発達の最近接領域」の概念では、自力で解く問題によって「現下の発達
水準」が規定される。まずは、子どもが独力で解く過程が重要であるし、ど

こまで解くことができるのかを教師も子ども自身も知ることが必要である。クラスメイトが苦戦していると、他の子どもが答えたり、「お助け」や「ミニ先生」が出てきたりする実践に出会うが、余計なお節介によって当該の子どもが独力でたどり着ける水準を下げてしまう可能性がある。そうではなく、B教諭は、生徒が一人で解く時間を保障し、当該生徒の学習権を保障しようとしている。

　この校内研修レジュメを作成する際に意識したことは、同僚が実際に授業を参観する習慣も、ビデオカメラによる映像記録もないなかで、授業者と生徒たちの具体的な姿をイメージできるように記述すること、細かい教授方法だけを取り出して授業者のスキルを提示するのではなく、教授＝学習過程における教師と生徒たちの相互作用を一体として捉えて提示して、ひらかれた解釈を呼び起こすこと、生徒理解にもつながるような描き方をすることである。それがどれだけできたかは心もとないが、先述した大澤教諭の貧困問題の授業での生徒たちの発言や筆者の解釈も、この校内研修で提示した。

　この研修で印象的だったことが二つある。一つは、佐藤学の指摘（かつて「授業研究」はいわば日本の教師の「お家芸」であったが、最近の国際比較調査の結果によれば、授業研究や教育内容の研修の機会の数は、高校教師の場合は最低レベルにまで落ち込んでいる）[5] に対して、「そのとおり。教師になって30年。授業をみてもらうことがほとんどなかった」という発言があったことである。この教師は、TTで授業をすることが多かったベテラン教師であり、一緒に授業をしている若手教師に日常的に授業を見られていたが、他教科の教師と授業を見る機会はなかった。もう一つは、筆者のレジュメをもとに、担当教科をまたがった小グループに分かれて授業について教師たちが話していた際に、「なんで僕の授業は見てもらってないん？」と大澤教諭に尋ねた教師がいたことである。これをきっかけに、彼が担当する保健の授業を参観することとなった。

3）小集団学習の不成立

　A高校で、複数の同僚が授業を参観し、協議をするというかたちの授業研究が成立したことがあった。ある年の2月。現代社会の授業（上述のベテラン教師と若手教師がTTで実施）を、社会科の教師たちと参観する機会を大澤

教諭が設けた。授業内容は、他クラスの生徒たちがアルバイト先からもらってきた「雇用契約書」を読み、その雇用契約書の良いところと変なところを探すグループワークが中心である[6]。

　教師の説明のあと、四人程度のグループに分かれる際に、事件は起きた。ある男子生徒が、「なんでこいつらと一緒にならなあかんねん！（一緒にならないといけないのか）」と反発し、他の生徒の机とくっつけようとしない。その状況が耐えられないのか、一人の女子生徒は机に突っ伏す。もう一人の女子生徒は黙っている。結局、反発した生徒は弁当を食べながら筆者に話しかけ続け、一人の女子生徒は机に突っ伏したまま、もう一人の生徒は「これ（労働基準法）なんて読むん？」と教師に尋ねるなどして、グループワークの時間は終了した。

　この年は、入試制度の改変で教師の多忙化に拍車がかかり、参観していた教師が一堂に会して協議会をすることはできなかった。授業終了後、廊下で授業者二人と筆者でふりかえりをおこなった。

　この授業研究から浮かび上がることがある。まず、グループに分かれない子どもがいること。埼玉県立新座高校で授業改善による学校づくりを推進してきた金子奨が書いているように、「机を寄せられない、顔を伏せたままにする、寝たふりをする、自分から一歩踏み出して新しい世界へ越境できない」[7]生徒がいる。上記のようにあからさまに拒否する生徒はそう目にしないし、他者を傷つける言動はほめられることではない。学校の規範から逸脱した言動は、退学にもつながりかねない。

　しかし、授業方法への異議申し立てと捉え、学習者の側に立って学び方を再考する必要性を提起しているとも捉えられる。吉本均は、「教師にとって抵抗にさえなるような集団的自主性をその教師みずからの手で育てあげるということ、そのことこそ、教師のリーダーシップの最高の形態にほかならない」[8]と述べていた。そうした集団づくりの指導は一筋縄ではいかないとはいえ、まずは異議申し立てを受け止める必要があろう。

４）その後のA高校

　2016年３月、A高校は次年度から募集停止となることが決定した。2015年４月から施行された大阪府立学校条例第二条の２に「入学を志願する者の数

が三年連続して定員に満たない高等学校で、その後も改善する見込みがない
と認められるものは、再編整備の対象とする」とあり、その対象となった。
この決定があった日、大澤教諭と校長が電話をくれた。その内容は、大澤教
諭が転出すること、校長は再任用で校長を務めることだった。「募集停止は
残念やけど、うちの学校を選んでくれた生徒たちが学校に来たくなるように、
力を貸してくださいね」という校長のことばに応えたいと思った。

　しかし、筆者はA高校の授業改善に十分関わったとは言えない。それは、
参観時間の減少に顕著に表れた。2012年度は57時間、2013年度は33時間だっ
たが、2014年度は13時間、2015年度は10時間、2016〜2018年度は8時間（2
日間）だった。頻繁に参観していたころは、「今日は一人？舎弟（ゼミの学生
のこと）は今日はおらんのか」など、生徒に話しかけられることもあったが、
そういう関わりも減ってしまった。

　複数の教職員が授業を参観したり、協議したりといった機会がなくなった
ため、参観した授業についてのレポートをその授業の担当者だけに渡すので
はなく、参観した複数の授業を一つのレポートにまとめ、それを授業者たち
に読んでもらうことで他教科の授業からも学べるものをつくろうと努めた。
最後のレポートは、B教諭の数学をはじめ、英語、時事問題、環境、総合的
な学習の時間と多岐にわたったものとなった。

　参観回数が減少した理由は複数ある。最大の理由は、放課後にお菓子を囲
みながら授業について社会科教師と話し合うといったインフォーマルなもの
から、校内研修の企画と運営まで、授業改善のとりくみをリードし、筆者と
の日程調整や授業者への依頼などにも尽力してくださった大澤教諭が転出し
たことである。筆者との連携は、首席教諭マターになった。また、筆者自身
の私生活の変化もあった。そして、徐々に閉校に近づいていき、生徒数も教
職員数も減少し続ける状況での閉塞感があったことも否めない。

　A高校を支える会が2万筆超の存続署名を集めたにもかかわらず、2019年
3月、A高校は最後の卒業証書授与式と閉校式を迎えた。

2　高等学校における授業研究の困難と展望

　成功物語ではないA高校での試行錯誤から、私たちに突き付けられている

課題を整理し、展望を描きたい。

1）中等教育における「バルカン諸国化」

　A高校に限らず、高校において授業研究が普及していないのは、中等教育独特の構造が一因である。アンディ・ハーグリーブス（Hargreaves, A.）は、中等学校内部の構造を「バルカン諸国化（Balkanization）」と表現している。「バルカン諸国化」とは、生徒の学習や教師の学習にとって否定的な結論をもたらすものであり、次の四つの特徴がある。

　①低い浸透性（バルカン諸国化した文化のなかでは、サブグループ（教科など）が互いに絶縁状態にあり、専門的な学習はその教師が所属するサブグループ内で起き、教師がそのなかで知ったり信じたりするものは、他のサブグループの教師が知ったり信じたりするものとは、かなり異なったものになる）、②高い永続性（一度バルカン諸国化したサブグループがつくられると高い永続性をもち、教師たちは自分のことを単に「教師」ではなく、「小学校教師」、「科学教師」とはっきりと捉えるようになっていく）、③個人的な自分探し（教師自身の学校体験や大学教育、教員養成を通じて、自分の好きな教科を発見して学習し、その教科の視点から世界を捉えるようになっていく。学習の特質（一直線かそうでないか、成果中心か過程中心か）、教授方略（一斉教授、協同学習、個別学習等）、生徒のグループ分け（トラッキングやストリーミングは必要あるいは望ましいのか等）についての考えがそのサブグループ内で共有され、特定のサブグループにだけアイデンティティをみつけると、他との協働や共感をする能力が徐々に衰退していく）、④政治的な心構え（低年齢の子どもを担当する教師よりも年上の子どもを担当する教師、ある教科よりも他の教科の教師の方が、より高い地位（states）や賞賛を浴びるというように、バルカン諸国化された文化のなかには勝者と敗者がいる）[9]。どの特徴も中等学校における授業研究の困難さに結びつくが、とりわけ③が教師の専門性の発達にとって重大な問題となる。

　ハーグリーブスは、カナダにある対照的な中等学校（伝統的な学校と、実験的な新設校）の教職員にインタビューをおこない、とりわけ教科の壁が、教師が互いに学び合う機会を制限していることも明らかにしている[10]。「学校の教師こそが、（学校が）変化するための最善の資源であるならば、バルカン諸国化した構造は、教師たちを分断し、孤立させることによって、その

資源を枯渇する傾向がある」[11]。

　ハーグリーブスの研究においては教科による分断が大きな要因となっているが、日本の中等教育の場合は、教科に加え、校務分掌、部活動によるバルカン諸国化もある。新座高校の学校改革に伴走した木村優は、小中学校ほどに高校では授業研究が推進されていない理由として三点指摘している。そのうちの一つが、教科担任制と専門分化によって教師たちがグループ化しやすく、各教科準備室や各部署室の存在が教師たちを物理的に分かつ組織構造の特質から、授業研究の実施体制が整いにくいことである[12]。教科による分断が、教科準備室といった環境面も相まって強まったり、進路指導室が主な仕事場かつ居場所になったりすることがある。そもそも職員室が存在せず、そうならざるをえない学校もある。

2）協議会の焦点

　中等教育の「バルカン諸国化」という現状をふまえて、佐藤学は、「中学校と高校の改革においては教科の壁を開き、生徒の学びの実現を中心に同僚性を築くことなしに、学校を内側から改革することは不可能である」[13]と主張している。

　佐藤の提唱する「学びの共同体」が中等教育においても一定程度普及したのは、生徒の「学び」を中心にすえた授業改革と授業の事後協議会改革によるところが大きい。彼が提唱してきた事後授業協議会は、「どこで学びが成立したか、どこで学びがつまずき、どこに学びの可能性が潜んでいたかを教室の事実にもとづいて協議し」、評価や助言ではなく教室の事実から学んだことを交流する[14]。子どもの「学び」と教師の「学び」に焦点を当てることが、「学びの共同体」の授業研究の特徴である。

　しかし、「学び」を中心にすえた授業改革と事後協議会改革に対しては、石井英真による批判がある。それは「省察」を掲げる事後検討会は子どもたちの個性的な「学び」の記述・解釈に終始しがちであり、教師の「教え」やカリキュラムとの関連でそれを検討する視点を欠きがちであるし、事実の表層的な交流を超えて、その意味の解読や理論構築（暗黙知の形式知化）にまで至ることもまれであるという批判である[15]。教授と学習とのあいだには弁証法的な矛盾関係があること、「授業というものは相対的に独立した教授と

学習との統一される過程でなくてはならない」と吉本均は主張していた[16]。

　子どもの「学び」を成立させた、あるいは成立させなかった教授行為と関連づけて学習活動を検討することが、教師の「学び」にもなることを学習集団研究は明らかにしてきた。

　教授＝学習過程を弁証法的に捉えることは、授業研究の形骸化に対して一定の歯止めとなろう。学校全体で授業研究に取り組んでいる高校を訪問した際、多くの教職員が研究授業を参観し、全体会ではグループに分かれて協議をおこなっていた。しかし、授業を参観する教職員は教室後方に立ったままだった。そこからは生徒の表情は見えず、授業者と黒板しか見えないため、協議会の話題は板書などの指導技術ばかりであり、具体的な生徒のようすが語られることは、ほとんどなかった。子どもの学習と、それを成立させた教授行為を捉えようとすると、参観者の立ち位置は変化する。基本的なことであるが、何に焦点を当てて授業を参観し、語り合うのかを確認しておきたい。

3）学校全体で子どもの権利を保障すること

　授業研究を軸に学校づくりをする際に、生徒指導の方針と齟齬が生じることがある。金子奨によれば、新座高校の学校改革の過程では、「支配的な台本」（ゼロ・トレランス的な生徒指導）と、「オルタナティブな台本」（「特別支援教育の視点」ないし授業のユニバーサルデザイン化）という二つの台本が存在し、潜在的な裂け目が生じていた時期があった[17]。つまり、生徒理解のしかた、指導の方針が相容れず、緊張と葛藤が生じていたのである。学校づくりにおいて、こうした裂け目は大きな足かせとなる。

　A高校で数学科の授業を参観した際に、ゼロ・トレランス的な生徒指導を目の当たりにした。授業前、筆者と学生二人が廊下で立っていると、一人の女子生徒が話しかけてきた。「うちのクラスの授業みるん？頑張るから、見といてな（見ていてね）！」と笑顔で宣言してくれた。授業内容は、平方根だった。中学3年生で学習することになっている基本的な内容だったが、彼女たちは懸命に計算し、練習問題の答えを嬉々として黒板に書きに行っていた。

　そのとき、生徒指導部の教師たちから呼び出しがあり、上述の生徒が廊下に呼びだされた。頭髪検査で違反のあった生徒たちの再検査である。授業を参観しながら廊下の方に聞き耳を立てていると、「その色はA高校の黒じゃ

ない」という教師の声が聞こえた。しばらくして、彼女は、大きな物音を立てながら教室に入ってきて、机や椅子にあたり散らしながら帰宅準備をし、教室から出ていった。いわゆる「帰宅指導」である。

　授業後、授業内容についてのふりかえりと共に、この出来事をどう思うかを授業者に尋ねた。「おかしいと思うけれど、僕には……」という応答に、大学卒業まもない講師の立場では声を上げられない構造がみえた。小中学校の学習内容を学び直し、少しずつ自信をつけていく過程で、子どもに保障されるべき学習権を侵害する「指導」は、指導の名に値しない。

　しかし、生徒指導部の教師も、授業では、実物を使って生徒に体験させたり、小学校の内容にまで遡って教えたりしており、生徒のわかり方に寄り添って、学習する権利を保障しようとしていた。生徒指導部の一員として指導方針に沿った行動をする場面と、生徒のわかり方に寄り添った授業をする場面という二つの台本が、一人の教師の内に混在していた。

　新座高校では、「オルタナティブな台本」への変様において、ゼロ・トレランス的な「遅刻指導」案が職員会議に提案されたことが、公開授業研究会への再吟味を促し、自身の属する組織と相互行為へのありようへと注意を向け、省察の対象としていったことが鍵となった[18]。組織あるいは教師個人に混在する生徒観や指導の方針の葛藤に目を向ける必要がある。

　その際、このたびの「生徒指導提要」（改訂版）により、校則の見直しや、校則改訂手続きの明文化が推奨されたことは、教職員が校則を問い直す契機になるかもしれない。生徒会や学級が主体となった校則改訂の実践をみても、教職員の意識が校則改訂の鍵を握っている[19]。現在の生徒指導方針を追認することで何を守ろうとしているのか、子どもの権利を保障することを第一に、授業と生徒指導を吟味していく学校になるのかが問われている。

註

1 ）大澤仁「日本社会の貧困問題を考える」全国高校生活指導研究協議会編『高校生活指導』第197号、2014年、19頁参照。

2 ）詳しくは、大澤教諭による実践記録（註1）および筆者の論文を参照されたい。（平田知美「貧困問題の授業における当事者性」『和歌山大学教育実践総合センター紀要』No. 23、2013年、191-200頁。）

3 ）吉本均『現代授業集団の構造』明治図書、1977年、23頁。

4）ヴィゴツキー著、柴田義松・森岡修一訳『子どもの知的発達と教授』明治図書、1975年、80頁参照。

5）佐藤学「授業研究の現在―二つの視座から―2　改革の動向」日本教育方法学会編『日本の授業研究―Lesson Study in Japan―授業研究の歴史と教師教育〈上巻〉』学文社、2009年、107頁参照。

6）この実践のもとになったのは、井沼淳一郎「授業：雇用契約書（労働条件通知書）をもらってみる」『“はたらく”を学ぶ Vol.Ⅱ－教師と法律家の協働による授業実践集』2008年や、井沼淳一郎「アルバイトの雇用契約書をもらってみる授業」川村雅則・角谷信一・井沼淳一郎ほか『ブラック企業に負けない！学校で労働法・労働組合を学ぶ』きょういくネット、2014年、41-73頁である。

7）金子奨「子どもたちの変様を支える―移行支援としての高校教育へ―」金子奨・高井良健一・木村優編著『「協働の学び」が変えた学校―新座高校　学校改革の10年―』大月書店、2018年、219頁。

8）吉本均、前掲書、51頁。傍点は原文による。

9）Cf., Hargreaves, A. *Changing teachers, changing times: Teachers' work and culture in the postmodern age.* New York: Teachers College Press, 1994, pp. 213-215.

10）Cf., ibid., p. 223.

11）Ibid., p. 226.

12）他の二点は、小中学校に比べて学校の歴史が浅いため授業研究の文化が希薄あるいは未定着であることと、高校教師には教育学部以外の出身者が多く、準備教育段階において授業研究を含む教育学研究の実践と理論に関与しきれていないことである。（木村優「学校の変化―専門職の学びあうコミュニティへのメタモルフォーゼ―」金子奨ほか、前掲書、296頁参照。）

13）佐藤学『学校改革の哲学』東京大学出版会、2012年、133頁。

14）佐藤学『学びの共同体の挑戦―改革の現在―』小学館、2018年、214-215頁参照。

15）石井英真「授業研究を問い直す―教授学的関心の再評価―」日本教育方法学会編『授業研究と校内研修―教師の成長と学校づくりのために―（教育方法43）』図書文化社、2014年、38頁参照。

16）吉本均、前掲書、33頁参照。

17）金子奨「公開授業研究会がもたらしたもの」金子奨ほか、前掲書、266-267頁参照。

18）同上書、268-270頁参照。

19）例えば、全国高校生活指導研究協議会編『高校生活指導』第196号、2013年に掲載されている本多由紀子実践や座談会での語りを参照されたい。

（谷口　知美）

第2部

授業研究と学校づくりの現在

第1章

学校づくりと学習集団

1 主体的に学ぶ子どもに

　私が学級担任の時は、受け持った学級の子どもたちを学習の主人公に育てるために、学習集団理論をもとに、授業研究を行ってきた。校長になってもその気持ちは変わらない。自校の子どもたちがいきいきと学級で学び合う姿を学校経営方針に位置づけ、学校づくりを目指している。そのためには主に教職員へのかかわりを通して授業改善を行う必要があると考える。学び続ける教職員集団へ育てるためのかかわりを中心に述べていく。

　現在校長として3校を経験している。いずれの学校においても、学力向上を学校教育目標に掲げ、校内研究を中心に取り組んできた。

　それぞれ学校の特色はあるが、本稿では、3校目に赴任した学校での実践を中心に述べていく。

　3校目は、各学年3～4クラスの規模の学校。特性のある児童が多く、児童対応と、放課後は保護者との連絡等に忙しい職員室である。着任式から式に参加できず泣き叫ぶ子・登校を渋り、母親と別れると、暴れて別室指導を受けている子・自家用車で児童玄関まで送迎後、そのまま玄関で昼近くまで寝そべる子・担任から注意されると、そのまま教室を飛び出す子・課題に向き合わずにテストやノートを破り続ける子・教師に悪態をつく子、などいろんなケースが同時に発生していた。複数の学級の担任からの救援要請に、教頭や主幹教諭が対応していく状況が続いた。授業風景からも、学びから逃げ、自分で考えることが苦手な子が多い印象を受けた。

　私の担任時代は、学級づくりと授業づくりを並行して行っていたが、学校運営の視点からは、先ず落ち着いた学習文化をつくることを優先し、学習規

律の定着を呼びかけた。

2　落ち着いた学校づくりに向けて

　担任から救援要請があると、教頭と共に職員室にいる職員が学級へ駆けつけた。落ち着くまで数時間かかるケースもあったが、職員間で連携し、役割を分担しながら対応にあたった。保護者対応も必要に応じて複数の職員で対応し、今後の教育方針について話し合った。

　放課後はケース会議を設け、特性のある児童の状況と担任の願いを聞き、それぞれの立場でできることを話し合った。大切にしたのが、担任の学級づくりに対する思いや、参加した教員の経験知を生かすことであった。担任が特に支援して欲しい内容の共通理解と共通実践を実施していった。

　関係機関との連携も深めた。行政や特別支援学校や医療とも連絡を取り合い、情報交換を行った。その時の情報を校内でも共有し、個別に対応する時の留意点に基づきながら対応を図っていった。

　また、夏期休業中に特別支援学級担任を講師に、特性のある児童へのかかわり方等の研修を行った。子どもと丁寧に向き合い、興味関心のあることを引き出し、学ぶ楽しさを味わわせることなど、いくつかの接し方等について共通理解を図った。

　特別支援学級担任の役割は大きいものがあった。特性のある子が教室で癇癪を起こし、他の子に危害を加えそうになった時も、まなざしで受け入れ、別室で指導し、落ち着かせた。その手法は他の担任の参考になるものが多かった。

　職員会議等でも気になる児童の共通理解を図った。生徒指導の視点からに加え、私は、授業成立も学級経営の一つだと指導し、特に45分の授業での「全員発表」ができるよう促した。簡単な発問でもよい。自分の考えを発言する、それを他の子が聞くという関係づくりや、全員発言により、授業へ不参加ではなく参加させる意味があることを説明した。これに職員も反応してくれた。学級通信にも全員発表を取り上げて達成したときの様子を保護者に知らせる学級も出てきた。加えて指導が困難な児童が在籍する学級にあっても、全員発表の成立が見られた。その学級の担任は、小テストでの結果の伸びを評価するなど、否定の中にも肯定を見つけ、よさを値打ち付ける担任でもあっ

た。私は、適時その学級に寄り添い続け、学習集団の伸びを待ち続けた。

　校長としてできることの一つとして「朝の立哨指導」がある。校門に立ち、挨拶を続けた。挨拶を返さない子がほとんどだった。疲れた表情で門をくぐる子、目をあわせない子、が多い状態であった。私は、朝の挨拶は、「元気の源になる、私からのプレゼント」との考えから、挨拶を返さない子にもまなざしで呼びかけ続けた。

　継続は力なりである。挨拶は返さないけれど、わずかに会釈する子、口元がわずかに動く子がだんだん増えだした。少しずつの変化を喜び、職員にも嬉しい気持ちを伝えた。加えて「理想を語るのが校長の仕事」であることも伝え、元気な挨拶に向かって取り組む姿勢を見せた。立哨指導については、「まなざしの共有を大切に」と題して学校便りやPTA新聞に掲載し、保護者と地域へ発信した。

　このような取組等を継続した結果と考えるが、ある時期を境に、救援要請が激減した。どのクラスも学びに向き合っている姿を見ることが出来るようになっていったのである。

3　校内研究を通して

　校内研究は、教職員とともに授業を考えることのできる大切な要素と考えている。研究主任を生かしながら、授業実践力を高めることができるよう、力を入れて取り組んできた。研究主任と職員を育てることも合わせてかかわるよう心がけてきた。

　年度当初に研究主任と研究の方向性を確認した。前年度の研究を引き継ぎ、算数科で実践することが決まっていた。昨年度の実績として、低中高学年別にテーマを設け、それに対して各学年で研究を深め、一定の成果を得ることができていた。しかしコロナ禍により「学び合い」の研究が十分にはできなかったようである。

　そこで、昨年度取り組んだ授業スタイルをもとに、話し合い活動を授業構想に組み入れて研究することを大きな視点に位置づけ、低中高学年を一つにまとめて全校で統一した取組を実施することにした。

　最初の研究授業は研究主任が公開するように促した。学習規律が育ち、子

どもたちが自分の考えをどんどん発言する授業であった。年度当初に確認した話し合い活動では、ペアやグループで活発な話し合いができていた。校長からの指導助言では、学び合う学級文化が成立していることや、ほとんどの子どもたちが学習課題をクリアしていること等、良さを評価した。加えて「ともに考えていきたいこと」として、山場のある授業づくりと、そのためには発問が重要になることを提唱した。（※資料1を参照）

　この提案授業がきっかけとなり、他の教員が「話し合い活動」を授業に組み入れる大きな要因になったと感じている。職員会議や職員連絡会でも授業改善に触れ、「話し合い」を支えるために、「学級づくり」と、「接続語」でかかわること、「発問」によるかかわり等の重要性を語っていった。

※資料1　研究主任の授業へのコメント

　　　　　202○．○．○○　4年○組　算数　角度のはかりかた

○よかったころ
・わずか3ヶ月で、学習規律と学習意欲の育ちがある。
・大型テレビを使って、既習問題をフラッシュで掲示。
　　子どもたちを問題に引きつけていた。
・クロームブックの活用がよい。
・教師と子どものやりとりが、テンポよくリズミカルであり、授業がどんどん
　前に進んでいた。
・画面を使って、問題の角度を、「たし算・引き算」であることを視覚化して
　捉えさせることができていた。
・教室の前に出て、意欲的に説明する子が育っている。
・「他にもあります」の発言が多く、自分の考えを伝える雰囲気がよい。
・ノートを書く力がある。……これまでのノート指導。
　　めあてを写すスピード。
　　「せつめい」「ふりかえり」を書く力。
　　特に「せつめい」を書くことで思考力が伸びている。
　　ペアトークでは、ノートを指さしながら説明している子が多い。
・子どもの活動（作業）に対して、教師からの声かけ（刻々の評価）がある。
・教師からの一方的な説明にならないように、適時子どもに投げかけ、つぶやきを拾っている。さらに、教師の説明に対して、子どもがタイムリーに介入して授業を構成している。
・作業が終わった子への指示が適切である。何をすればよいか具体的である。

・評価問題への丸つけをしながら、その子に対して評価言等をとおしてかかわっている。
・ふりかえりを書くまでの時間配分がよい。

☆改善できる点
・今回は、個人の考えを全体へ広めるよい授業であった。伝え考えさせる授業としてはOK。対話的にするために、「同じで」「似ていて」「少しちがって」「他に」、そして「なぜ」という視点から絡み合うとよい。
・子どもの発言力が育っているので、次の段階として、友達の説明を代弁できる授業に発展していくと、より授業は対話的なものになる。
・算数用語を自分たちのものにして説明すると話し合いが知的になる。
・ペアでの話し合いのねらいを子どもたちと共有していく。
　　　何のための話し合いか。（①参加　②共感　③拡散　④合意　⑤創造　など）

☆ともに考えていきたいこと
○説明する児童の説明の仕方を分析し高めていく
　　　演繹的・類推的・単純化的な考えが身についているか。
○「既習のどんな考えを使ったのか」「求めた結果がそのようになる根拠は何なのか」これをノートを開き合った時に伝え合うとよい。考え方を関連づけたり、考えの違いを明らかにしたり、発見したことをさらに膨らませたりすることによって、子どもたちが学習のねらいに到達し、算数的価値を共有できるようにしていく。
○一人学び　→　表現して友達と比較・検討　→　全体で確認　→　もう一度自分の考えを深化させて表現
　　　こういった思考・判断・表現を教科横断的に日常化することが「主体的・対話的で深い学び」を作り出すと考える。
○ゆさぶり発問での切り込み
　　　例「この補助線ではだめなの？」（180度にならない補助線を引く）
　　　平板な授業から山場のある授業をつくりだせる。討論のある授業へ。

　このころ、全校職員向けに授業を提供する「全校授業者」に対する他の職員の協力意識の高まりを実感した。それが先行授業である。全校授業者が作成した指導案をもとに同学年で先行授業を実施し、改善につなげていったのである。4クラスある学年では、3回の先行授業を実施した。先行授業を私も参観すると、担任が感想を聞きに来た。限られた時間しかないので、要点

を絞って評価したが、これまでの学級づくりや授業を改善してきた歴史の部分への評価も述べるようにし、授業研究に取り組む姿勢を支えるようにした。先行授業を生かした全体授業では、ねらいを持って話し合いをさせることや、話し合わせるまでに自分の考えを持たせることや、書く活動等について、先行授業から得られた改善点が十分に生かされていた。

　また、私の指導助言が次の公開授業に生かされているのも実感した。

　算数の授業を提供した全校授業者に、自力解決が終わった後に子ども同士をかかわらせる方法を助言した。黙って座って待つのではなく、わかった子同士で確認しあったり、考え込んでいる子にそっと寄り添ったりする場面を設けたらという内容であった。その約１ヶ月後に、市教委の学校訪問があり、学級担任と専科の全授業を公開した。その学級の授業では、自力解決後の子ども同士の優しいかかわり合いが成立していた。授業参観後にはいつものように、授業者へ声をかけ、授業改善に取り組んだ成果を評価した。そしてこの子ども同士のかかわらせ方の留意点として、一人でわかりたい子へ配慮し、「声をかけてもいいかな？」という気持ちで寄り添うと、学級の雰囲気がよくなること等を加えて助言した。授業をきっかけに評価と指さしを行っていったのである。子どもがかかわり合う姿は同学年の授業にも伝わっていった。

　校内巡視の時にも、発言が多い場面や話し合い活動をしている場面を見かけると、立ち止まったり教室に入ったりしながら、教師と子どものやりとりを参観し、休み時間や放課後の時間に感想を述べ、これまでの授業実践を評価した。

　特に研究主任に対しては、校内研究テーマの視点から進捗状況等について評価し、次の段階をイメージさせるようにした。重ねて指導案の形式や授業の着眼点等については、研究主任の意見を取り入れながら、改善を続けた。授業の時系列にそって学習活動を書く平板な授業構想ではなく、「話し合い」と「発問」を明記し、山場のある授業になるように助言し、それを職員に広げていくようにした。

　指導案づくりにおいても職員間の協力体制が育ちつつあった。

　研究主任が全校授業者と、それを支える先行授業者への連絡調整を密に行った。同学年での教材研究と指導案検討を経て、研究主任から主幹教諭へ、そして教頭からの助言を経て多くの朱書きされた指導案が校長まで届けられ

る。この時点で十分なのだが、私からも修正のポイント（主に、話し合いと発問になる）を数点だけ朱書きし、研究主任や授業者に対して、「おもしろい授業になりそうですね。期待しています。」と期待を込めて指導案を手渡した。授業を参観してわかったことだが、ベテランの先生が過去に実践した事例や、他校から転入した職員が前任校で実践した事例が、教材研究や授業構想に生かされていたのである。また、「チャレンジしてみようか」などと同学年で面白いと思うものを探り出し、授業の仕掛けとして実践したものもあった。教材研究等の裏側にも職員の協力体制があったのである。公開授業を行わない学級担任も、何とか全体授業を支えたいという気持ちの表れと、授業を支え合う職員間の雰囲気の高まりも感じられるようになっていった。

4　日々の職員とのかかわりの中で

1）校長室だよりの発行

　校長の考えを具体的に伝える手段として、学校経営方針とは別に、A4一枚にまとめた「校長室だより」を月に1回のペースで教職員向けに発行している。掲載内容は大きく3つに分けて述べている。一つ目は、学校生活における児童の様子や学校行事にかかわる内容としている。二つ目は、「今回のキーワード」として、学習集団理論を校内研究等と絡めながら掲載している。校長室だより発行の一番のねらいとしている。読んでもらえるように文字も大きくし、要点を絞って掲載している。三つ目は、指導に役立てて欲しい内容や、知っておいて欲しい情報等を加えている。（※資料2参照）

　職員会議等でもこのキーワードに触れ、紙面では述べられなかったことを補足するようにしている。数件ではあるが、説明後に感想を述べに来る職員もいて、手応えを感じる時もあった。

　このキーワードは、学校経営方針や生活指導とは違い、授業にストレートに訴えるものなので、校長が何を目指しているのか、どんな授業をして欲しいのかを伝える機会になっていると捉えている。「授業を重要と考えている校長」としてのイメージを強めるねらいもある。

　授業研究会の時もこれまでに発行したキーワードを用いて、指導助言等を行うようにしており、授業分析の視点としても役立てている。（※資料3参照）

※資料２　校長室だより

| 校章 | ○○○小校長室だより | 令和○年○月○○日
第11号
文責　早田雅彦 |

「ゆめ」「えがお」「げんき」いっぱい○○○小

　新しい年度になり、それぞれの学級でドラマが展開されています。黄金の３日間といわれる、最初の３日は、子どもたちとの学習・生活スタイルを見通す、大事な時期でもありました。昨年度と比べると早い段階で、落ち着いた雰囲気ができていることを実感しています。学級開きに早いも遅いもありません。やり始めた時が学級開きです。子どもたちの状況を捉え、１年間のビジョンを示し、見通しをもって学習・生活できるよう引き続きお願いします。

　今年度も不定期ですが、校長室だよりを発行いたします。よろしくお願いします。

今回のキーワード

人間を「人間にする」授業

　子どもたちは学問するために学校にくるのです。学問するということは、端的に言えば、「見えない」ものが「見える」ようになっていくことだと思います。（中略）

　学問することで人間が人間になるということは、自然や社会を支配している構造やしくみなどの「見えない」ものがしだいに「見える」ようになっていくことなのです。（中略）

　人間という動物は、なかなか人間になりにくい存在なのです。人間は天使にもなりうるし、目的意識的に狼、いや、狼以下のものにさえなることができるのです。つまり、「正義」の名のもとで大量殺人をも正当化しかねないし、また、「合法」の名のもとで人間差別をも公然と是認したりすることも、人間には可能だからです。

　人間は天使にも、悪魔にもなりうる、人間は「人間」によって教育されることでしか人間とはならないのです。応答＝共感の関係のなかでしか人間とはならないのです。授業は「まなざしの共有」から「真理・真実への共有」へいたる課程だといえます。教師と子どもが出会い、子どもを出会わせ、子どもたちを教材に出会わせていく学習集団の授業の中でこそ、子どもたちには見えなかったものが見えるようになり、人間として自立していくことができるようになるのだと考えます。

※授業成立の技術と思想　人間を「人間にする」授業　吉本均　明治図書より抜粋

『叱り方について』

○　「叱る」と「怒る」の違いは先生方もご承知の通りと考えます。教師は子どもの健全な育成のために「叱る」存在でもあります。少しでも先生方の「叱り」が子どもの身にかかるよう文献を基に下記のように整理してみました。
　１．「正しい叱り方の２つのポイント」
　　①「なぜ」を考えさせること
　　②その１時間の授業では完結しないということ・・・変容を追いながら指導する
　２．「正しい叱り方」の具体的な実践
　　①気づかせる　②諭す　③考えさせる　④分からせる　⑤育てる
　　　（又は、①受容　②反省　③謝罪　④改善　⑤感謝）
　３．叱る基準の明示をしておく

　　「叱る」は理性的で相手本位で１年間を見通した指導でもあります。子どもとの信頼関係を深める意味でも、叱られることが愛されていることに気づかせたいです。
　　※引用文献　「人間を育てる　叱る指導」　菊池省三　菊池道場　中村堂

※資料3　校長室だよりに掲載したキーワード

○これまでに掲載したキーワード例

- ・「微笑の共有」
- ・「否定」の中に「肯定」を
- ・「評価と評定」
- ・「教えたいものを学びたいものへ転化する」
- ・「班話し合い」
- ・「指導とは相手を『その気にさせる』こと」－「主体的」な学びのために－
- ・「発問」
- ・「話し」から「語り」へ（子どもの身にかかる語りへ）
- ・「出席」から「参加」へ
- ・伝達から対話へ、教科の論理から生活の論理へ－「対話的」な学びのために－
- ・人間を「人間にする」授業
- ・学習規律
- ・授業における子どもの「つぶやき」の再評価－「深い」学びのために－
- ・「文学作品における視点〈外の目〉と〈内の目〉」
- ・ゆさぶり
- ・「学びの共同体」グループ・班学習
- ・「接続語のある授業」
- ・「全員発言」
- ・「つまずき」を生かす授業
- ・「あてにする（期待する）－される」関係づくり　人間的居場所づくりと、集団づくりの原則

※参考文献
　　深澤広明　広島大学附属小学校校内誌「今日のことば」
　　恒明宏典・深澤広明編集　授業研究　重要用語300の基礎知識　明治図書
　　吉本均　授業成立の技術と思想　人間を「人間にする」授業　明治図書

2）通知表所見作成へのねぎらい

　毎学期ごとの通知表作成は、担任にとっては大きな仕事である。特に児童一人一人の伸びを記載する「所見」については、学期を通して細かに観察し、そして励みになるように表現しなければならないものである。私は担任時代

は、所見に大きな力を注いだ。その子にしか表現できない特徴的なもの、次学期以降においても主体性を発揮できるように展望を持たせるものなど、じっくりと時間をかけて作成した。

　管理職となり、通知表作成について指導する立場になった。自分が担任時代に心掛けたことに加えて「評定と評価の違い」なども説明し、通知表所見の教育的効果などについて指導した。

　所見は担任の大きな仕事である、との考えから、私は教頭になった時から、通知表を作成した全担任へ、ねぎらいのメッセージを書くようにした。「お疲れ様」だけでは、私の意図は伝わらないので、所見内容に対して、指導へのお礼や評価等を加えたものを書き添えた。言い換えれば、担任所見への私からの評価言でもある。（※資料４参照）

　数名の職員から、評価言に対してお礼が寄せられた。評価された嬉しさと労をねぎらってもらったという気持ちを受け取った。子どもとじっくりと向き合うことや日々の教育実践を大切にしてほしいという私の願いも伝わったものと実感している。

※資料４　令和３年度学年末の所見へのメッセージから　24学級の担任へ贈った

> 5年○組
> 　落ち着いた雰囲気で学習する子がぐっと増えています。学習態度や係活動が２学期よりも意欲的となっており成長を感じています。また寒い中での朝ランに取り組む姿から心の成長も伺えます。国語の提案文の学習では、事実をもとに改善点等の意見を書く子が多く見られます。取材や実体験をもとにさせながら、構造的な文章作成へ導いた先生の指導のおかげと考えます。主体的な学びと同時に書く力の伸びからも思考力の向上がなされていると思います。算数では図や式を使って考えを伝え合う姿が見られ、説明力が育っていることがわかります。また版画の学習では熱心に作成する姿と力作集が伝わってきます。コメントによる相互評価も効果的に働いており、学びに向かう人間性の育成が図られていますね。配慮を要する児童と保護者対応にもご負担かけましたが、丁寧に対応してくださり感謝しております。この１年間たいへんお疲れさまでした。

3）教職員の自己目標設定時の当初面談でのかかわり

　人事評価に係る当初面談の際には、各教職員は、自己目標を設定し管理職からの助言等を受けることになっている。学級担任の自己目標は、大きく分けて、「教科指導」「生徒指導」「学校運営」の3つである。特に「教科指導」と「生徒指導」については、自分が実践してきた経験も踏まえ、助言を述べているが、発問や班づくり等については、内容を掘り下げて説明したり、いろんな教育方法があることを紹介したりする場としている。学力向上を目標に掲げるものの、具体的な方策が抽象的な場合には、段階的な学習規律や、ある教材を引用して具体的な授業場面を述べながら、子どもと向き合うイメージを持たせるようにしている。心掛けているのは、各担任が実践しようとしていることに寄り添い、その方法の値打ち付けや意味づけを共有し、納得と自信を持たせることである。

　面談を通しても、学校生活の中では授業が大半を占めることや、教師の授業力向上を感じさせるようにしている。

4）信頼関係を深めるために

　担任と子どもたちとの信頼関係づくりと同様に、校長と教職員においても職務を遂行する上で信頼関係を深めることは重要である。信頼関係を築くために大切にしていることは「傾聴」である。これにより相手をリスペクトしている意思を伝えることにもなる。先ずは聴き、即答できないものは、時間をおいて回答したり、関係者で協議したりしながら合意を図るようにしている。

　また校長のリーダーシップについては、サーバントリーダーシップを心がけている。職員の声を聴かないで進めようとすると、信頼関係の構築は難しい。教職員に「自分たちで考えたことが実際に反映された」という体験が積み重なることで、学校経営や授業研究への参画意識が高まる手応えを感じてきた。

　校長一人では学校は動かない。「どんな学校づくりをするのか」「どんな授業をめざすのか」といったビジョンを語り続け、職員の声を聴きながら、職員を納得させる。それが校長の仕事の一つと考えている。

5　「まなざし」を指導の原点に位置づけて

　上述「2　落ち着いた学校づくりに向けて」での「まなざし」での立哨指導の続きである。1年前と比べると、挨拶を返す子が2割から8割程度に増えた。声も次第に大きくなり、私より先に挨拶する子も増えてきた。立哨指導に立つのが楽しみになっていた。改善の要因は、地域団体の協力や担任の指導等もあるが、まなざしで声をかけ続けたことも大きいと感じている。自信を持って「まなざし」を向け続けることができたことの理由の一つとして、校長2校目を転勤する時に、ある保護者からいただいた手紙がある。その内容は、「校長先生へ　おだやかで、やさしい先生の笑顔がみられないとさみしいですが、いつも、私をみてほめてくれたり（母の私まですみません）してくれる校長が○小にいないとさみしいです。先生のやさしさで、これからも子供たちをつつんで下さい。○○の母より」と綴られていた。これまで多くの保護者に向き合ってきたが、同じ思いをしてくださる保護者も多いのではと思った。このメッセージに背中を押されながら、3校目の校門にも立ち続けたのである。担任時代や校長時代を通した実践により、「まなざし」は見つめることではなく、要求であることを確信した。まさに教育の原点である。

　私が所属する諫早授業研究会の研究主題もここ数十年間「『まなざし』で学び合う学習集団づくり」と位置づけて、授業研究を続けている。教科の本質を追究する学習集団づくりにおいて、「まなざし」を重視している。学びから逃げていた子が、授業中に意欲的に発言するようになる実践事例が多々報告されている。まなざしとそれを中核に据えた教材研究や授業構想による、日々の授業実践の成果でもある。今後も、先行き不透明な時代であるからこそ、教職員と「まなざし」を共有しながら、課題解決に向けて、創造的な仕事ができるよう取り組んでいきたい。

　この「まなざし」を教えてくださったのが、故広島大学名誉教授の吉本均先生である。吉本先生をはじめ、多くの大学関係者の方々をお招きし、教授学等についての教えをいただいてきた。こちらも授業実践を提供し、理論と実践の統一を図りながら共同研究を進めてきたところである。今後も大学関

係者の先生方から多くのことを学びとり、それを授業実践や学校経営に生かしていきたい。

（早田　雅彦）

6　ともに学ぶリーダーシップのもとでの、学び合う教師集団づくりとしての学校づくり

　早田実践は、いくつもの視点から評価できそうである。ここでは、以下の2点に重点を置いて考察を試みたい。

　早田実践は、第一に、「教師の学習集団づくり」[1]の実践、すなわち、教師集団を、学習する集団にしていく実践である。教師と子どもの関係に主眼を置いた学習集団づくりを、校長と教師の関係にいかに応用しうるかが示唆される試みである。

　早田実践は、第二に、「教師の学習集団づくり」の取組でありながら、そのなかに、（教育経営学的な）学校づくりとしての機能を見てとることのできる試み[2]である。

　第一の点にかかわって、学習集団づくりのどのような部分を、どのように「教師の学習集団づくり」に応用しようとしているのかを検討したい。

　第二の点にかかわって、早田実践において見られる「教師の学習集団づくり」の取組が、今日の（教育経営学的な）学校づくり論とどういう点で響きあうのかを検討したい。

　以上2点に、校内の授業研究に参加して見えたことを加えて、解説としたい。

1）よさを発見し、さらなるよさに期待する励ましとして機能する校長の評価

　早田実践を読んで、「評価」というフレーズが多い、という印象を持った。この実践記録において、早田氏が教員を「評価した」と回顧している場面は実に多様である。校内の研修としての授業研究をきっかけにして、あるいは、日頃の授業のなかで、そして、通知表の所見に至るまで。授業に関わること

でも、学級生活に関わることでも、ミドルリーダーに対しては学校の実践研究に関わることでも。つまり、いつでも、どこでも、誰でも。

　PDCAが声高に叫ばれる昨今、管理職による評価は、ともすれば怖いものである。しかし、早田実践における評価は、そうした点検的な評価とは異なることはおさえておきたい。かつて古賀佐徳は、次のように述べて、管理職の上から目線を懸念して「下から上への発想の転換」を強調した。

　　「文部省→県教委→地教委→学校→校長→教頭→教師→子どもという行
　　政体系に慣れすぎているのではないだろうか。逆に、子どもがいるから
　　学校があるという原点に立って教育の営みを考え直さなければならない
　　のではないだろうか。特に行政の末端である校長は、この教育の原点を
　　肝に命じていなければ、行政管理はできても教育はできないということ
　　になりかねないのである。」[3]

　　「校長が教職員の管理を前面に押し出し、重箱の隅をホジクリ出すような
　　指示命令によって、子どもを学習主体者となすことは不可能である。」[4]
早田氏からの評価は、古賀が懸念したような上からの点検ではなくて、教師の取組に内在する価値を発見するものとして意識されている。例えば、「ほとんどの子どもたちが学習課題をクリアしている」といった目に見えやすい結果だけではなくて、「これまでの学級づくりや授業を改善してきた歴史の部分」といった過程や、「自力解決後の子ども同士の優しいかかわり合い」といった質的な高まりなどに目を向けて、教師の実践のよさを発見し、価値づけている。すなわち、「評価とは、あくまでも価値・ねうちのあるものについて述べ、そうすることで、さらに子どもたちを伸ばす、つまり指導することに他ならないものである」[5]といった意味での評価をおこなっている。

　こうした意味での評価を、いつでも、どこでも、誰に対しても、おこなっている。そのことで、多様な教師の多様な場面での成果（＝できる部分）を発見して、共感して、その少し先（＝できない部分・できてほしい部分）に要求・期待して、励ましている。それは、教師にむけた「可能性に対する信頼と要求の一致、最大の尊敬に支えられた要求」[6]としての指導的評価活動である。

　だから、「数名の職員から、評価言に対してお礼が寄せられた。評価された嬉しさと労をねぎらってもらったという気持ちを受け取った。」という、お互いを受け入れ、認め合い、励まし合う関係が生まれるのだろう。早田氏

自身が、「校長室だより」に掲載した「あてにする―される関係」、そして、最後に「教育の原点」と強調している「まなざし」の共有[7]が、校長と教職員との間で現実のものとなっている。

2) リーダーもフォロワーも、ともに学ぶ「サーバント・リーダーシップ」

　早田氏が言及している「サーバント・リーダーシップ」は、近年、「学習する組織」としての学校づくりで注目されているセンゲも重視するリーダーシップの在り方である[8]。では、サーバント・リーダー、あるいは、サーバント・リーダーシップとはどのような性質のものなのだろうか。そこで求められるリーダーのふるまいとはどのようなものなのだろうか。

　サーバント・リーダーとはどのような存在か。主唱者であるグリーンリーフによれば、「サーバント・リーダーとは、そもそもサーバントである」[9]。サーバント・リーダーとは、組織への奉仕者、あるいは、フォロワーへの奉仕者としてのリーダーである。サーバント・リーダーが帯びるリーダーシップは、次のように表現されている。

　　　「一見、リーダーっぽくない、むしろその対極のように思われるサーバントこそが、実現を望む社会的なミッションを奉仕の名のもとに掲げ、自分についてくる人（フォロワー）たちに尽くす。それがサーバント・リーダーの姿だ。リーダーとフォロワーの間に、このような関係が成立するときに、存在する社会現象（影響力の一形態）を、「サーバント・リーダーシップ（servant leadership）」と呼ぶ。」[10]

以上のことから言えるのは、行政管理としての上からのリーダーシップではなくて、前述の古賀が重視した「下から上への発想の転換」、すなわち「子どもを原点に据えて、子どもをよくなすために、何をどのようにすればよいかを、協同的に取り組むことによって初めて可能である。」[11]という考えがサーバント・リーダーシップとして重要だということである。

　早田実践においては、「ともに考える」場面が何度もあらわれる。子どもへのかかわり方を中心として、担任、特別支援学級担任、全教職員、保護者、地域、行政、特別支援学校、医療機関などの関係機関などの多様な登場人物が、ケース会議、校内研修、職員会議、学校便り、PTA新聞などを通して、状況把握するのみならず、それぞれの立場からの願いや経験知を共有してい

る。「研究主任するの授業へのコメント」が「ともに考えていきたいこと」
で締めくくられていることは象徴的である[12]。関係者が「ともに考える」こ
と、このことに奉仕するリーダーの姿がそこにはある。

　サーバント・リーダーシップにかかわって、もう1点重要なことがある。
それは、組織のビジョンにかかわることである。サーバント・リーダーの特
性のひとつとしてあげられる「執事を務めること」について、センゲは、次
のように述べている。

　　　「執事を務めることとは、（中略）要するに「全体にとって正しいこ
　　　とをする」ことである。こうした献身的な姿勢は、同時に、自分と自
　　　分の個人ビジョンとの関係に変化をもたらす。個人ビジョンは、「こ
　　　れが私のビジョン」というような所有物ではなくなり、私たちはビジョ
　　　ンの執事になる。ビジョンは私たちのものであるのと同じように、私
　　　たちは「ビジョンのもの」でもあるのだ。」[13]

このように、サーバント・リーダーは、組織のフォロワーと、単に並び立っ
ているだけではない。組織への奉仕者として、というよりは、組織のビジョ
ンへの奉仕者として、ビジョンを示しながら、組織とともにビジョンをつく
りかえながら、組織のなかに存在する。

　早田実践において、組織が依って立つビジョンを示しているのが、「校長
室だより」だろう。例示された「校長室だより」では、特に「キーワード」
に紙面の半分が割かれている。そのときどきの校内研究の状況や授業の実態
と関係づけながら、多くの教授学原理がビジョンとして示されている。

　センゲは、「真の献身性は、つねに何らかの疑問や不確実性と共存する。
その意味では、献身性は、強制ではなく、まさしく選択なのである。」[14]と述
べて、組織における真の献身性は選択的に発揮されることを示している。「校
長室だより」におけるビジョンとしての「キーワード」は、実践への強制性
を必ずしも持っていない。その意味で、教員にとって選択できるものである。
「校長室だより」においてゆるやかにビジョンを示したことが、教職員による
受け入れの可否や解釈の余地を残し、そのビジョンを教職員集団につかませ
る、つくらせるものにしたのではないだろうか。

3）「わからない」ことを大切にする学習集団としての教師集団

　最後に、実践記録からだけでは見えない教師集団の具体的な姿に触れておきたい。早田氏が校長として勤める学校の校内研修（3回）や公開研究会に参加する機会を得た。校内研修は、公開研究会という大きなイベントにむけてのもので、毎回、授業参観、協議会、今後に向けての部会ごとの具体的な検討会、という流れであった。今後にむけての検討会では、低・中・高の学年部会に分かれての検討をおこなった。

　わずか3、4回の研究会への参加であったから、なにもかもつぶさに見えた、というわけでもない。だから、主観的な評価になっていると言わざるを得ないが、印象に残ったのは、特に学年部会に分かれての検討会において、部会の先生方が簡単には納得しないことであった。授業参観中の子どもの姿や、発問などの授業計画・指導案にかかわって、あるいは、協議会や分科会におけるこちらのコメントに対して、疑問を投げかけあいながら、議論を交わした。そうした中で、こちらも色々な形で応える。すると、また新たに問いを紡ぎ直してくる。「そうだとすると、こういう場合、こんな問題が起こりそうですけど、どうでしょうかね。」といった具合に。次々とこちらの応え（理論）と実践との間に内在しそうな矛盾を突いてくる。

　こうした姿こそが、先生方一人一人が学んでいる証だと言えるのではないだろうか。上田薫は、次のように、「わかる」ということを、「わからないことからわからないことへ」という構造でとらえた。

　　　「しかしいったい「わかった」とはなにか。すべてが完全にわかった状態がありうるはずはない。それはある疑問がとけたという感じをいうにすぎないのである。なるほどわかったと思うであろう。しかしよく考えればそれは、前よりは発展したわからなさに到達したということにすぎないのであろう。すなわち、わたくしたちの理解が進む、とは「あるわからなさからもっと高いわからなさにかわっていく」ということを意味するにすぎない。」[15]

この意味で、私が出会った先生方は、授業について「わからないことからわからないことへ」と学び続けているのだろう。

　この3、4回の学校とのかかわりのなかで見たものは、大きなスパンで考えれば、公開研究会にむけて、ではあるが、そこにむけた多様な活動をきっ

かけにしながら、「実践の事実を出し合うことで、「意識統一」が深まっていく」[16]ような学校づくりのプロセスであった。

　本節では、以下の３つの点から早田実践の意味に迫った。第一に、授業を中心にしながら、評価を通して校長を含めた教師集団・学校全体が子どもの事実について意見を出し合い、共感し合い、要求し合い、期待し合い、励まし合っている点。第二に、「校長だより」や授業研究を通して、サーバントとして、自分たちが依って立つ理論やビジョンを共有し、自分たちなりにつくっている点。第三に、そうしたことを通して、校長も教師集団もともに、目の前の子どもの生活や学びに向き合って、教師や学校の取組にかかわる真理・真実を共有・創造している点[17]。早田実践は、こうした学校づくりの原理原則を教えてくれている[18]。

註
1）「教師の学習集団づくり」の実践は、諫早授業研究サークルの古賀佐徳によるものがある（古賀佐徳「教師の学習集団づくり」古賀佐徳編著『学習集団研究11　教科の本質を追求する学習集団づくり』明治図書、1981年）。
2）近年で言えば、学習集団論における学校づくり論と、教育経営学における学校組織論（学校経営論）とを統合的にとらえた久保田みどりの実践がある（久保田みどり・深澤広明「学習集団づくりをモデルとする教職員集団の形成―まなざしの共有から真理・真実の共有へ―」深澤広明・吉田成章編『学習集団研究の現在　Vol.2　学習集団づくりが描く「学びの地図」』渓水社、2018年）。
3）古賀佐徳、前掲書、157頁。
4）同上書、161頁。
5）髙木啓「新しい学びの評価と授業づくり」山下政俊・湯浅恭正編著『新しい時代の教育の方法』ミネルヴァ書房、2012年、84頁。
　このような評価は、「子どものよさ（肯定）とは、存在しているものではなくて、教師にとって「発見すべきもの」としてあるのだ」（吉本均著、白石陽一・湯浅恭正編・解説『学級の教育力を生かす吉本均著作選集　5　現代教授学の課題と授業研究』明治図書、2006年、55頁。）とか、「ほめるとは、その子の知らないその子のねうちを発見する力だといえる。」（白石陽一「ほめる、指示する、合意形成する、説明する、実践記録を読む－もっとも基本的な指導方法を喪わないための試み－」『熊本大学教育実践研究』第39号、2022年、68頁）といった表現でとらえられてきた。
6）吉本均（・船越勝）「指導的評価活動」『授業をつくる教授学キーワード』明治図書、1986年、73頁。
7）「まなざしの共有」については、次のような引用が参考になるだろう。

「教師は眼ではなくて、まなざし、つまり、微笑と表情によって子どもたちと向かい
合う。そして、子どもたちは教師とまなざしを共有することで、最初の意思交流（コミュニケーション）と一
体感を経験するのである。」（吉本均（・上野ひろ美）「まなざしの共有」『授業をつく
る教授学キーワード』明治図書、1986年、12頁。）

「「まなざしの範囲」のなかでのみ、子どもたちは安心して、まちがいやつまずきや「わ
からない」がだせる。まなざしの範囲とは、保護と信頼の場所のことである。」（同上
書、13頁。）

8）センゲは、次のように述べている。「「人を育てる人」としてのリーダーの精神につい
ては、ロバート・グリーンリーフが見事なまでに明確に表現している。グリーンリー
フは（中略）「奉仕したい」という欲求を偉大なリーダーの中心的な原動力と認め、
また、社員の成長を偉大なリーダーの主要な指標とみなし、こうした偉大なリーダー
を「サーバント・リーダー」と名付けた。」（ピーター・M・センゲ著、枝廣淳子ほか
訳『学習する組織　システム思考で未来を創造する』英治出版、2011年、475頁。）

9）ロバート・K・グリーンリーフ著、金井真弓訳『サーバントリーダーシップ』英治出版、
2008年、53頁。

10）金井壽宏「監訳者序文」ロバート・K・グリーンリーフ著、金井真弓訳『サーバントリー
ダーシップ』英治出版6-7頁。

11）古賀、前掲書、161頁。

12）久保田実践（2018）の「研修便り」も「人から与えられた答えではなく、私たちで答
えを探しましょう。」と結ばれている（久保田みどり・深澤広明、前掲書、112頁）。
管理職が出す便りが「ともに考える」性格を帯びている点で共通しているのは偶然で
はないだろう。

13）センゲ、前掲書、489頁。

14）同上書、486頁。

15）上田薫『人間形成の論理』黎明書房、1992年、255頁。

16）深澤広明「学習集団づくりによる学校開発」『心を育てる学級経営』2005年3月号、
67頁。

17）それは、教師集団における「まなざしの共有」から「真理・真実の共有」へ、と言っ
てもいいかもしれない（上野ひろ美「「まなざしの共有」から「真理・真実の共有」へ」
吉本均『現代授業研究大事典』明治図書、1987年、353-354頁。）

18）本節の解説には課題もある。第一に、これまでの学校づくり論や学校経営論との関係
についてである。「吉本均には、直接的な「教職員集団の形成」論があるわけではない。」
（久保田・深澤、前掲書、116頁）とは言われるものの、本節で取り上げた古賀（1981）、
久保田（2018）をはじめとして、学習集団研究とかかわる学校づくりの理論や実践は
いくつもある。そうしたものすべてと関係づけながら論を展開できていないし、学校
組織論や学校経営論についての精緻な理論整理とも関係づけられていない。この点は、
ご批正いただきたい。第二に、例えば、「評価」という言葉を、「指導的評価活動」、「ね
うちづけ」、「まなざし」といった学習集団研究が大切にしてきたキーワードで紡ぎ直
したつもりだが、そのことが今日においてどのような意味を持つのか、という点であ

る。冒頭で「ともすれば怖いもの」と表現した「評価」というフレーズに限らず、「指導」という言葉さえも、今日においては、ある種の強張りをもって捉えられるのではないだろうか。そうだとすれば、「指導的評価活動」というキーワードは、ねうちの共感的な発見、期待・要求、といったものとは裏腹の意味合いを感じさせることとなりかねない。それでもなお、もしくは、だからこそ、かつてのキーワードを持ち出しながら現代の教育実践を捉え直すのか、あるいは、キーワードそのものから捉え直すのか。こうした点については検討していく必要があるだろう。

（樋口　裕介）

第2章

生徒と教師に寄り添う授業研究
―― 生徒の「学び（経験）」と教師の「教育的タクト」――

1　はじめに

　授業中、課題に取り組む生徒は、学級やグループの仲間、教師との応答のなかで強い印象を受けた瞬間を記憶している。教師も、生徒が課題を理解して思わず声が出た瞬間や、瞳が輝いた瞬間を記憶しており、時が過ぎて思い出せなくなった記憶も含めて、日々の経験の記憶は、私たちの「心（精神）」のなかに「イメージの画廊」[1]として、絵画の一枚一枚のように長く存在し、人格に大きな影響を与え続けている。

　ある日、校長室で悩みを持つ生徒の相談を受けていて、生徒が会話の途中、フッと、亡くなった祖母から受けた「行為（まなざし）」を思い出したであろう瞬間の、遠くを見つめる優しい瞳を見ながら、改めてヘーゲルが説いた「精神の富がたっぷりと盛りこまれた絵画が並ぶ画廊のごときもの」[2]の存在を感じたことがある。家族と過ごした経験の記憶が子どもの精神に大きな影響を与えるように、教室という空間が、生徒が「精神の王国」を築くための、「精神の無限の力が沸き立つような」[3]経験を提供する「場所」であることが、学校教育の「目指すべき理想」だと考えている。

　校長として、授業を軸とした教育活動の「目指すべき理想」を教職員と共有しながら、如何に教師の授業力をサポートすればよいのか。本稿は生徒の「経験そのもの」につながる教師の「教育的タクト」[4]に視点を当てた授業研究の事例について考察する。

2　質の高い授業の継続的な提供のために

　学校が果たすべき役割は多岐にわたるが、生徒の生命と心身の健康を守る

ことは大前提として、質の高い授業を継続的に提供していくことが本務である。本校[5]は2019（平成31）年度より、目指す教職員像を「1．生徒のことを第一に考えて行動する教職員　2．一丸となって授業改善に取り組む教職員[6]3．生徒・保護者・地域の願いを受け止める教職員」とし、教師の授業力向上を学校経営の重点項目に位置づけてきた。教科や職種の枠を越えて、全校で授業改善に取り組むために定期的に研修を行い、意識の共有と継続に努めている。

　本校は授業改善の視点を明確にしている。次に示す五つの視点は、新学習指導要領が目指す「主体的・対話的で深い学び」[7]を本校なりに受けとめて示したものである。

〇授業改善の五視点（2019年5月　校長が研究主任と検討して校内研修で提示）

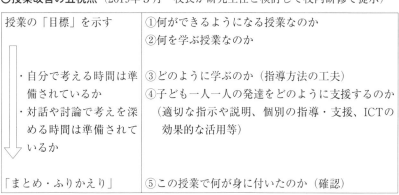

授業の「目標」を示す	①何ができるようになる授業なのか
	②何を学ぶ授業なのか
・自分で考える時間は準備されているか ・対話や討論で考えを深める時間は準備されているか	③どのように学ぶのか（指導方法の工夫） ④子ども一人一人の発達をどのように支援するのか （適切な指示や説明、個別の指導・支援、ICTの効果的な活用等）
「まとめ・ふりかえり」	⑤この授業で何が身に付いたのか（確認）

　本校で工夫したことは、上記①から⑤の改善項目と、生徒を対象に実施する「授業アンケート」[8]の項目を全て連動させていることである。生徒アンケートの分析を、教師が授業を省察して自身を振り返るための資料としている。授業改善や学習内容の理解度は、教師よりも生徒が敏感に感じているものであり、生徒の評価を受けつつ、各教師が「自立したプロ」として授業改善を推進するという手法を取り入れている。

　年度初めに研究計画を策定して年間10回程度の研修会を実施している。学年単位や有志が参加した授業研究も行われているが、全校での授業研究会は4回程度である。授業研究会では、授業改善の視点からだけではなく、授業

を共通の視点で分析して省察するために、「授業分析の三視点」[9]を設定して協議している。

〇授業分析の三視点

1. 生徒に問いが生まれる授業であったか。（対話から討論へ、討論から問答へという応答的関係に着目する。）
2. 生徒の「やること」が明確な授業であったか。
3. 生徒の「やったこと」や「やろうとしていること」への肯定的評価のある授業であったか。

3 二人の教師が実践した数学科授業の分析と考察

　2020年1月初旬、次回授業研究会[10]の授業者2名から相談を受けた。次回は2年1組（38名）を少人数（19名）の2学級に分けて[11]、数学科「第5章 三角形と四角形　2節 平行四辺形」の「平行線と面積」（2時間計画）の前半部分を行うことになっていた。

　授業目標は「平行線の性質を利用して、面積の等しい図形を見つけることができ、その根拠を説明することができる。」とし、次の課題が理解でき、解答の根拠を説明できるように指導したいとのことであった。

〇課題（教科書『新しい数学2』東京書籍、148頁）
　四角形ABCDは平行四辺形で、AC∥EFとなるように点E、Fを辺AB、BC上にとります。このとき、△AFCと面積の等しい三角形を総て答えなさい。

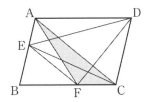

　少人数学級A（A教諭）は、これまでの授業の様子から、個人思考と集団思考によって、時間内に課題を解決することができると判断したが、少人数学級B（B教諭）は、すぐにこの課題を解決することは難しいと判断していた。そこで、異なる指導過程で課題に迫りたいとのことであった。

　授業目標は同じであっても、個々の生徒や学習集団を分析して、教師が適切と考える指導過程を組むことは当然のことであり、素晴らしい提案である

と伝え、授業改善の五視点と、予想される生徒の反応を想定して指導過程を組むようにお願いした。また、当日は二人の授業を記録し、授業分析の三視点に沿った協議を行うことを伝えた。

1）少人数学級Aの授業（T教師、C生徒）

　生徒は図形について、論理的に考察し表現する能力を培ってきており、わからないことや疑問に思ったことなどに対して積極的に発言できる生徒が多い。一方で、わからない問題を投げ出す生徒、わからないまま授業が進む生徒もいるため、小グループでの思考で全員が達成感を味わい、向上心に繋いでいく授業を目指す。（指導案より）

　授業開始から5分間で既習事項を確認し、すぐに本時の課題を提示した。

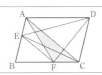

> T「平行四辺形ABCDがあります。
> で、ACとEFが平行です。で、このとき
> 三角形AFCと面積が等しい三角形を三つ見つけて下さい。」

　どのグループもしばらく個人で課題に取り組んだ後、グループで議論が始まる。ある三人グループの記録を紹介する。（C1は女子、C2とC3は男子）

> ○C1「ACEは」C2「FCDは高さが一緒だから、等しくて」C1「全部そうなるよ（笑）」C2「じゃあこれは平行……AECが……ちゃう俺が説明する」C1（笑）C2「AECはここが平行じゃけぇ」C1「うん」C2「こことここが」C1「高さ等しい」C2「高さ等しいよな？ここが等しくって、ふんぅ？」C1「高さ違くない？」C2「じゃし高さが平行。きけぇ」C1（笑）C2「AEはここは高さが平行じゃけえさ……なんでわからねぇ」C1「あーなるほどね。OKOKOK」C2「はい、もう完璧」C1「完璧……なんかさ理由がなくない？理由が」……C1とC2の議論が5分程度続く。……議論が△DCFに移る。
> ○C3「え、説明図を一応書いとこ」C1「書く？説明」……その後、C1がC3のプリントを指さしながら2分程度、次のように説明していた。
> ○C1「ふふ、ここを、底辺一緒じゃん」C3「うん一緒だね」C1「底辺の長さと平行四辺形の高さじゃん……」C3「ははぁ」……C1「……の高さと一緒じゃん。じゃけぇ面積も一緒じゃん。」
> C3「ABは」C1「ABは、ここの幅と一緒じゃん。じゃけぇ。こことここの幅が一緒になる。それで高さも一緒。OK？」

　下線は二人（C1C2）の議論を周辺で聞いていたC3が、突然議論に参加した瞬間である。最初、C3はC2の筆箱を触るなど落ち着かない様子だったが、途中から二人の議論に聞き入るようになり、最後はC1の説明に一定の理解を示し、問い直している。

> T「じゃあ三角形一個目。発表してもらいます。」

　別グループのC4が「三角形DCF」と答えるが理由が説明できない。
　少ししてC2が「底辺はFCで、共通で同じなので、で、底辺は同じになって、ABCDが平行四辺形なので、えっと、ADとBCは、平行線なので、平行線にある、えっと、あるものは高さが同じになるので、底辺、あ、面積も一緒になります。」と理由を述べる。

> T「そうですね。じゃあほとんどの班が二つ見つけているので、じゃあ二個目
>   も。」

　別グループのC5が「三角形AEDです。」と答える。しかし、十分に理由を説明できない。次は、2個目の理由を上記グループ（C1C2C3）が議論している様子である。

> ○C1とC2が三角形AFCと同じ面積の三角形がAEDとAECであることを理解
> し、根拠をどう説明するかについて議論している。C3は満足げに二人の議論
> を聞いていた。
> ○C3が登場する場面は……C1「こっちの三角形言っておいたほうがさ（笑）」
> C3「（小声で）笑いすぎだって。」……説明文を書きながら……C1「一回消す？
> 一回消す？（笑）」……C3「いてーよ」……説明文を書き終えて3人で笑う。

　C3はこの議論では、学習内容に参加できていない。しかし、議論する二人の周辺で、態度面でしっかりと参加している。前回の議論中、底辺が同じ三角形AFCとDCFの面積が等しいことに気付いたと思われる瞬間の前後で表情や態度が大きく変化していた。
　授業はその後、辺ACと辺EFが平行であることから三角形AECが三角形AFCと面積が同じであること。さらに平行四辺形の平行線の性質から三角形AEDも面積が同じであることを生徒が発見し、面積が同じである理由を

生徒が説明していく形で展開した。

　学級全体を観察したメモからは、C3のように、底辺が同じで面積の等しい三角形について理解し、根拠を説明しようとしている生徒から、すぐに面積が等しい三つの三角形を理解し、グループ内で納得できる説明に近づこうと議論している生徒まで様々であった。

　上記の記録からも、学級やグループが、何を言っても許される場所になっていることが、議論や問答という応答関係が展開される授業の前提条件ではないだろうか。また、応答関係の中でこそ、生徒に「問い」が生まれるように観察できた。

2）少人数学級Bの授業（T教師、C生徒）

　生徒は難しい問題にも主体的に取り組むことができ、グループ活動においても、お互いを信頼して意見交流や質問ができる。一方で集中力が欠如し、授業が停滞してしまうことが度々ある。（指導案より）

　また、既習事項の定着が十分ではない生徒が多いため、本時の授業目標と課題は少人数学級Aと同じであるが、課題解決に必要な力を身に付けさせるために、小課題を三つ提示して既習事項を学び直し、改めて本時の課題に迫ることにした。

　本時の課題を提示した。

T「えー平行四辺形があります。 三角形AFCどこにあるかわかりますか。 面積の等しい三角形を探してほしいんよね。」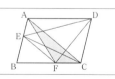

　この課題提示の段階で、C1「大きくずっとうなずく。」

　教師は机間指導しながらT「じゃあC2くん同じ面積だと思うものを一つ言ってごらん。」C2「CDF」、教師は△CDFと板書する。T「これ、ちなみに、なんでか言ってごらん。」C2「え、底辺と高さが一緒だから……え、あっとるんかな。」

T「じゃあ、今、自信ないけえ迷うので、自信をつけるために、ちょっと基本的なことを考えていきましょう。」

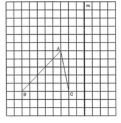

　小課題1と2が提示された。
1．直線m上に点Pをとり△ABCと同じ面積の△
　　PBCを作りなさい。
2．直線m上に点Qをとり△ABCと同じ面積の△
　　ABQを作りなさい。

　小課題1に取り組む。辺BCを底辺とする課題について教師と生徒の応答
で授業は進む。最後はどのグループも解答を導いた。教室内で「あ、これで
いいんだ。あ、これでいいんだ。よし、これでいい。」等の声が聞こえた。
　次に小課題2に取り組む。

○教師が「△ABCと面積が等しい△ABQ」と板書する。
○C3「全然わからん」T「むつかしい？ あ、ぜんぜんわからん。いいですねー。」
他の生徒達「先生、わかりません。」……（わからないという声を教師は肯定
的に評価）
○教師はグループで思考させながら机間指導を続ける。……授業の最初に大き
く頷いたC1のグループへ……T「ここのグループは早いな。」

　教師はC1に、Qの位置を作図するためのヒントを求めた。

○T「ちょ、Qの位置を……C1くん、ヒント挙げてごらん。2グループできて
いないから。」
○C1「Qの位置は、Qの位置は、ヒントは、どうやって作図するかを言います。
一個、位置の変わらない底辺、要するに今回でいうと、BAは底辺として、点
Qと同じで絶対位置は変わらない。」
○T「……はい、今のがヒントです。」　板書「位置がかわらない底辺BA」

　しばらくして、教師はC1に第二ヒントを求めた。

○T「じゃあ、第二ヒントいく。（チョークを手に取る。）……じゃあ、できと
る人も、まあ、C1くんの説明聞いてくださいね。……じゃあ、第二ヒントど
うぞ。」
○C1「なんでかっていうと、なんでここがQっていうと、こことここが同じ

になるには、底辺のBA、と高さを一緒にすることを一番にやったので、ここ
では、それを使って、ここは、共通なので、もう合同として、いや、一緒だと
して、高さを同じにするには、えー、ここの線とここの線を、平行にすること
で、どこに移動しても、こっからここへも、距離はかわらない。から、ここが
１マスずついってるから、ここも１マスずつ、伸ばした線が平行ていうことが
わかるので、それ、そこの線とmとの交点でQということがわかりました。」
……学級全体に拍手が起きる。C1着席する。

　続いて教師は小課題3を提示する。

3．図でℓ∥mである。

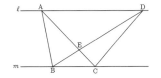

(1)　△ABCと等しい面積の三角形を答えよ。

(2)　△ACDと等しい面積の三角形を答えよ。

(3)　△ABEと等しい面積の三角形を答えよ。

　教師はしばらく机間指導を行った。多くのグループが課題を理解し、「証
明」[12]について議論している。

　T「でも、できてたよ。」T「ここのグループもちゃんとわかってるし、こ
こもわかってる。」……T「ここは、いける？」この時、教師は課題が理解
できないグループに気づいた。教師はこのグループとの問答を学級全体で共
有することで、小課題3への理解を深めていった。

　小課題を終え、授業の最初に提示した課題に戻る。

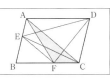

T「じゃあ、最後、あと残り時間7分、
課題、最初に戻って、ほんとに自分が挙げた三角形、
同じ面積ですかっていうところを考えてみてください。」

　活発な議論が学級内で起きる。各グループの9名ほどの生徒が別々に、教
師と問答形式で対話している。次はある三人グループ（C4C5C6）の記録で
ある。

○C4「あ、あった、あった、あった、あった、あった、あった、あった、あっ
たったった、ほら、ほら、ほらほらほら、これ、」C5「ほんとだ、わー！（拍手）」
C6「わー」
C4「ほら、かたむけろ、かたむけろ、かたむけろ。かたむければ大丈夫。」

　ほとんどのグループが面積の等しい三角形を二つ見つけ、証明を議論していた。

　教師と上記グループとの応答……T「え、答え三つ。」C5「嘘でしょ。」T「答えは三つです。」C4C5C6「なんで、なんで言わんのん。」……しばらくしてチャイムが鳴る。

　別グループのC7「わーかーらーん。」どこからか「えー、終われん、まだ。」と声が聞こえる。……課題は次の授業に持ち越された。

4　生徒の「経験そのもの」につながる教師の「教育的タクト」

　教師A、Bそれぞれが、担当学級の状況や生徒観に基づいて指導過程を組み、予想される生徒の反応を想定しながら指導過程を何度も再考していた。そして、当日は生徒との応答の中で授業を展開している。

　少人数学級AのC3はグループで学習することに強い苦手意識を持っていた。しかし、この時期にC1、C2と同じグループで学習するようになり、周囲との関わりの中で課題を解決しようとする力を少しずつ身に付けていた。少人数学級BのC1は、この授業の少し前、校長室で授業に集中できないことを打ち明けている。不安と、自分は変わらなければいけないという強い思いを持っていた。授業開始時「大きくずっとうなずく」C1に気付いた教師は、C1と積極的に応答し、さらに、C1に発表の機会を与えて肯定的評価を行っている。

　教師は授業中、「教育的タクト（とっさの判断）」で生徒と応答している。教師は毎時間、指導過程を検討して授業に臨んでいるが、教師と生徒は別の人格であり、教師は生徒の反応を全て想定することができない。授業中に発する生徒の問いや行為に対して、教師はほとんど直感的に、とっさの判断で応答していることが多い。そのため、教師は生徒への共感や語りかけ等、日々の教育的経験を積み重ねることによって、判断の精度を少しずつ高めていくしかないのである。また、その判断が生徒の成長にとって真に正しいものであったかどうかは、生徒の変容によってしか確認することができない。多くの教師は、教育的経験と事後の省察を繰り返しながら、とっさの判断、すなわち「教育的タクト」を磨いているのである[13]。

　日々の授業観察や授業記録の分析から考えて、教師の「教育的タクト」の精度こそが授業力の根幹となるものではないだろうか。そして、「教育的タクト」を真摯に磨きつつある教師集団こそが、学校の教育力の根幹となるものではないだろうか。

5　おわりに

　ある日曜日、校長室に20代の男女が来室された。結婚式を前にした写真撮影のためで、二人が10年前の４月に出会った２年１組教室での記念撮影に校長として立ち会うことになった。仲睦まじく、二人の良好な関係が維持される限り１組の教室は永遠の輝きを持ち続けるであろうと感じた。それぞれの「心（精神）」のなかで教室という空間は意味を持つ「場所」であり、共に過ごした時間は「物語」となっている[14]。本稿は二人が出会って10年後の、２年１組で実践した授業を紹介している。学校の各教室の物語は、積み重なることで「歴史」として昇華していくように感じている。

　授業は一つの完結した経験であり物語である。教科の目標に近づくと同時に、生徒の記憶のなかに「精神の無限の力が沸き立つような」物語として残ってほしい経験である。本校の授業改善の取組は、授業を物語として成立させる為の視点であり、授業分析の取組は、授業が物語として成立しているかどうかを探求するための視点である。

　本校だけでなく、多くの日本の学校では、先輩達の弛みない努力の賜として、生徒理解や学習集団の視点から授業研究を推進しようとする「共通の感覚（common sense）」が醸成されてきた。そして、教師そのものが学習集団となり、お互いの授業から学びあうという気風を創り出している。学校の組織力を高め、質の高い授業を継続して提供するためには、こうした「共通の感覚」や気風を教職員集団の中でいかに高め、維持していくかが重要である。そのためには、校長が「目指すべき理想」を教職員と共有し、継続的に授業研究を推進するなかで、生徒の「経験そのもの」につながるような具体的な事実を、日常的に積み重ねていくことが必要不可欠である。

注

1）中野和光「レトリック的転回と教育方法学の課題－ヘーゲルのBildung概念を中心に－」広島大学大学院教育学研究科教育方法学研究室『教育方法学研究室紀要 第1巻』2008年3月、1-13頁参照。

2）G.W.F.ヘーゲル著、長谷川宏訳『精神現象学』作品社、1998年、547-548頁参照。

3）同上書、549頁参照。

4）教師が授業に関する議論のなかで使用する「教育的タクト」はヘルバルトにはじまる概念であるが、特に参考にしたのは次の文献である。マックス・ヴァン・マーネン著、岡崎美智子、大池美也子、中野和光訳『教育のトーン』ゆみる出版、2003年。

5）一つの団地で中学校区を形成している。学区内1小学校、生徒数は250名前後で推移。

6）授業者だけでなく、環境の整備充実等、全ての教職員が授業に関わっている。

7）2017（平成29）年度小・中学校新教育課程説明会「新しい指導要領の考え方－中央教育審議会における議論から改定そして実施へ－」参照。本稿の授業研究の取組（2019-2022年度）は新学習指導要領全面実施の移行期間と重なっており、全面実施への取組と重ねて研究を推進した。

8）授業に関する生徒アンケート調査を年2回行っている。授業改善（5項目）の程度と、生徒の授業理解度（9教科）について集計し、各生徒と同一集団の変容に着目しながら分析し、授業改善に役立てている。

9）2019年夏の校内研修会で講師をお願いした深澤広明教授（広島大学大学院）のご指導をいただきながら分析の視点を設定した。

10）2020年1月28日（火）授業研究会、2年1組数学「平行四辺形」、講師：深澤広明教授（広島大学大学院）、教育方法学研究室の大学院生が授業記録と分析を行った。A教諭は大学を卒業したばかりの教諭、B教諭は教務主任を勤める中堅教諭。本稿は当日の授業記録と分析、校長のメモを基に改めて考察したものである。

11）本校は広島市教育委員会より、2019（平成31）年度学力向上推進事業「個に応じた指導研究校」の指定を受け、1、2年数学科で少人数指導を実施した。

12）授業の途中から生徒間で「証明」という言葉が頻繁に使われるようになる。

13）本稿の考察は、宮原順寛「現象学的教育学を基盤とした教師教育における確信形成への省察の契機」杉田浩崇・熊井将太編『「エビデンスに基づく教育」の関を探る』春風社、2019年、168-201頁を参考にしている。近年、教育界では数値によるエビデンスが重視されているが、本校は生徒の「経験そのもの」に還る現象学的考察を重視しており、数値は尊重しつつも補完的に扱っている。

14）本稿で述べた、経験による空間や時間の組織化、空間と身体性に関する考察については、イーフー・トゥアン（Yi-Fu Tuan）の現象学的地理学に拠るところが大きい。主要参考文献：イーフー・トゥアン著、小野有五、阿部一訳『トポフィリア―人間と環境』せりか書房、1992年。イーフー・トゥアン著、山本浩訳『空間の経験』筑摩書房、1993年。

（相川　悟司）

6　教育実践における「経験そのもの」への回帰の意味

1）教育実践を支えるモチーフ —— 体験が経験になるとき

　相川氏の教育実践を支えているモチーフ（Motiv：動機や主題）は、「注」の1）や2）を見れば分かるように、広島市から派遣されて大学院で学んでいたときの指導教員である中野和光氏の論文やヘーゲルの『精神現象学』の参照に始まり、最後の注14）で述べられているように、「本稿で述べた、経験による空間の組織化、空間と身体に関する考察」が、修士論文を作成するにあったて学んだ「現象学的地理学」によるものであることを確認したい。

　どのようなモチーフに支えられて学校づくりが行われているかは、校長がどのような哲学をもって学校づくりに一貫して臨んでいるのかに左右される。言うまでもなく、ここでの哲学とは、校長があれこれとさまざまな哲学的な知識や学説を有しているかどうかのことではなく、ある事態に直面したときに、その現実をしっかり凝視し、それを背負いきるところから始まる思索から逃げない姿勢であり、その思索の過程で出会う思想との交わりの中で生み出される信念であり、教師として「生き方」そのものを支える人間的な成熟のことである。その成熟が、注の13）で述べられている「近年、教育界では数値によるエビデンスが重視されているが、本校は生徒の『経験そのもの』に還る現象学的考察しており、数値は尊重しつつも補完的に扱っている」という言説に結実しており、それこそが相川氏の学校経営の哲学を代弁しておいる。第4節の見出しである「生徒の『経験そのもの』につながる教師の『教育的タクト』」は、日々の教育実践における校長としてのターゲットを言い表したものである。

　現象学的アプローチは、「事実そのもの」への回帰を主眼とするが、相川氏は、自ら直面する教育という「事実」を凝視するだけでなく、生徒の「経験そのもの」に回帰することに意義を見いだしている。教育実践の「事実」の中で生徒の内面に生成している「経験」に焦点を当てることで、生徒の育ちを大切にしようとするからであろう。ここで語られる「経験」について、人間は「経験」をはなれては存在しえないという立場から独自の思想を形成した森有正の「経験」と「体験」の区別を手がかりに考えてみたい。という

のも、授業研究においては、「文学的体験」や「数学的体験活動」というように、「体験（活動）」という用語で語られることがあるのに対して、生徒の「経験そのもの」に焦点を当てる本実践の意義を考えたいからである。「経験」と「体験」との違いは次のように述べられている。

　経験と体験とは、共に一人称の自己、すなわち「わたくし」と内面的につながっているが、「経験」では≪わたくし≫がその中から生まれて来るのに対し、「体験」はいつも私がすでに存在しているのであり、私は「体験」に先行し、またそれを吸収する。こういう本質的相違が存するのである。しかも、この「経験」と「体験」とは、内容的には、同一であることが十分にありうる。差違は、一人称の主体がそれとどういう関係に立つか、によってきまるのである。　（森有正『経験と思想』岩波書店、1977年、33〜34頁。）

　ここで述べられている区別をふまえるならば、「体験」とは、すでに存在している「私」としての生徒が、授業における体験的な活動をとおして教科内容を、より豊かに「吸収する」ような「関係に立つ」ような主体として立ち現れる。それに対して、「内容的には、同一である」ような活動において、「私」としての生徒が「その中から生まれて来る」とき、それは「経験」となる。まさに、一つの活動において体験が経験となるとき、「経験の記憶は、〔…略…〕絵画の一枚一枚のように長く存在し、人格に大きな影響を与え続け」（相川氏の冒頭のフレーズ）るものになるのである。そのような「経験そのもの」が生成することを、相川氏は日々の学校に、そして授業研究に求めているのである。

2）校長が「寄り添う」とき —— 授業研究における「教育的タクト」の行方

　相川氏は、授業研究の場において、教師の「教育的タクト」が生徒の「経験そのもの」に、どのようにつながっているのかという視点を重視しながら授業者に寄り添っている。その寄り添い方は、事前の相談においても、事後の協議会においても、授業という場で生起する事実の意味を丹念にくみ取りながら、生徒の「経験そのもの」につながる教師の「教育的タクト」のあり方を評価する。たとえば、第4節に述べられている次のような場面が、その

一つであろう。

　「少人数学級BのC1は、この授業の少し前、校長室で授業に集中できないことを打ち明けている。不安と、自分は変わらなければいけないという強い思いを持っていた。授業開始時『大きくずっとうなずく』C1に気づいた教師は、C1と積極的に応答し、さらに、C1に発表の機会を与えて肯定的評価を行っている。」

　この授業研究に観察参与していた外部からの参観者であるわれわれには、教師が肯定的評価をしていることは知覚できても、その教師の「教育的タクト」が生徒の「経験そのもの」にどのようにつながっているのかまでは、ここで相川氏が述べられているようには、見いだすことも意味づけることもできない。たしかに、生徒の「うなずき」に対して教師が「肯定的評価」を行っているという事象を授業の分析の一つとして指摘することはできる。そして、その指摘が教師と生徒の関係性のあり方として、授業後の協議会で検討され、「肯定的評価」の意義が共有されることになることもある。しかし、日常的に生徒の「経験そのもの」に焦点を当てながら教育実践を積み重ねる教職員集団の中では、授業研究の協議会において、いま少し深い意味を共有し、ある種の祝祭をもたらす場面になるのだと思う。

　これまでの授業研究においても、ある場面での生徒Aの発言や態度が、それまでの文脈を共有する教職員集団から別の意味で高く評価されることは多くの学校での授業研究の場で、われわれもまた経験してきているところである。そのような語らいのできる授業研究は、「人間が個人として、また社会を構成している事実を『経験』が成熟して『思想』に至る一つの実存的過程として内側から把握したいと考えている」（同上書、16〜17頁。）学校長の哲学が学校づくりのモチーフとして機能しているからだといえる。

　周知のように、「教育的タクト」は「すばやい判断と決定」として、授業中の教師の「刻々の対応力」として取り上げられることが多い。しかし、その対応力は、ヘルバルトが述べているように「慣行のようにいつでも変わることなく一様に行われるものではない」（ヘルバルト「最初の教育学講義」）点に立ち返ることが重要である。だから、相川氏が報告する授業研究で取り上げられる教育的タクトも、用意した正解に生徒を導くために「慣行のように」行われるであろう効率的な手法のあり方のことではなく、「予期しない事態

への対応」においてこそ機能することに注目するのである。

　「予定通りに進まない」予期しない事態への対応だからこそ、生徒の「経験そのもの」につながるのである。「大きくずっとうなずく」生徒に気づく教師にとって、それは、まさに予期しない事態であり、新たに発見した事態である。そうした事態に注目することで、授業で生成する事実を「内側から把握したいと考えている」教師のスタンスに気づく校長もまた「教育的タクト」を発揮して生徒と教師に寄り添いながら、学校づくりを進展させているのである。

　授業研究で授業改善されることで、数値目標が達成されたり、上回ったりする文脈とは異なる世界が、そこにはある。そうした世界のあることを、あらためて見直し、意味づけることが必要である。「数値は尊重しつつも補完的に扱っている」という言説は、決して「数値」をないがしろにしているのではない。むしろ「数値」を「尊重」するがゆえに、たえず生徒の「経験そのもの」に目を向け続けることが必要なのである。学力であれ、態度やメンタルな側面であれ、測定される数値が示すものは、どこまでも部分的な指標である。そうした指標をふまえつつも、常に生徒の「経験そのもの」がどのように成熟し、また、全体として生徒がどのように成長しているのかが問われねばならない。こうした人間教育の原点でもある哲学が学校経営を支えていることを、あらためて本実践はわれわれに問いかけている。

　　　　　　　　　　　　　　　　　　　　　　　　　（深澤　広明）

第3章

高等学校における授業研究を軸とした学校づくり

1　高等学校における授業研究への取組

　現任校に着任し、10年目を迎える。この10年間は私の教師人生においてかけがえのないものである。教師としての仕事の楽しさや大切なこと、また一人の人間として成長できたと心の底から実感しているからだ。

　現任校は高校階層構造の偏差値による「輪切り」で下層に位置する高校である。一般的に「教育困難校」「指導困難校」「進路多様校」「学力下位校」「底辺校」と様々な名目でラベル付けされている。私の前任校はいわゆる「進学校」と呼ばれる高校であり、現任校への異動が決まった際に、「無理はするな」「お大事に」と声をかけられたことが今では懐かしく感じる。

　この10年間で生徒指導の在り方、キャリア教育の視点、保護者対応、教員の同僚性、地域と学校の関わり等、私の教師人生において大切なことを学ぶことができた。しかし、何より授業について学んだことが大きかった。今までの指導観が180度変わるほど変化したともいえる。一般的に高校は小・中学校に比べて授業研究への取り組みが積極的ではないといわれている。しかし、現任校では「授業研究を大切にする」という学校文化が根付いている。いや、今も根付こうとしている過程である。現任校での10年間を振り返りながら、授業研究の変容とともに私の実践について記していく。

2　授業研究と私の変化

1）授業改善WGの発足と経緯

　2013年に私が着任した時、現任校は学校改革の途上であった。転・退学者の増加や生徒指導面をはじめ諸課題が山積していた。そういった状況から打

開すべく、2010年から特別支援教育の観点を主軸においた学校改革に着手することになった。特別な支援・指導が必要な生徒への理解や支援方法について認識を深めるための校内研修やケース会議の導入、また分掌再編や学級編成の見直し等、様々な学校改革が行われ、問題解決に取り組むためのワーキンググループ（以下、WG）が学校内に組織されていった。

　入学生徒の意識の根底には、「この高校にしかいけなかった」「どうせ自分は馬鹿だから」といった自己否定や自尊感情の欠如がある。そういった生徒たちは学習に対して前向きに取り組むことが難しく、また一方、教師側も「うちの生徒たちには無理」「やる気がないからどうしようもない」といったマイナスの気持ちをもってしまうことがある。私自身も着任した当時は生徒の学習意欲の低さや学力の低さに愕然とした。

　生徒の学習面での躓きの原因を、生徒の能力や意欲の低さのせいにしてしまうという教師側の意識の問題があった。しかし、課題が多い生徒にこそ必要な支援・指導がなされてこなかったことを反省し、個々の教員の授業力向上を目指した様々な取り組みがスタートした。同じ共通認識のもと、全ての教員による学期に一回以上の授業研究、わかりやすい授業のために視覚効果を用いたICT活用、授業に集中できるように教室内での掲示物の配置や板書の説明や指示を統一した学習環境のユニバーサルデザイン化などの取り組みを行った。その取り組みの1つとして2012年から授業改善WGがスタートした。

　当初の授業改善WGは「授業者が達成感や成就感を感じ、生徒の学習意欲を高める授業改善」を目標とし、若手教員とメンター役の中堅教員のメンバーで構成されていた。活動期間は一年間であった。活動は校内授業研究の推進や指導案の検討会、授業研究事後検討会などを行った。また、学校全体で共通した授業力向上の取り組みを土台とし、それぞれの年度ごとにWG内で重点テーマを決めて、新しい取り組みを行っていた。

　授業改善WGとして初めて授業研究を行った時の体験は今でも忘れない。悲惨すぎたからである。進学校から異動してきた当時の私は自分の授業力に対して根拠のない自信があった。自信ありげに授業を行う私をよそに、生徒がなんともつまらなさそうな目でこちらを見ているのである。私は次第に冷や汗が出てきた。そして、ついに開始5分もしないうちに、生徒が一人、ま

た一人と机に伏せるようになったのである。授業が終わる頃にはクラスの半分の生徒が寝ていた。授業の後半からは多くの生徒が寝ている状況と授業を参観してくれている教師たちの反応に動揺しすぎて、自分がどんな授業をしていたのかほとんど覚えていなかった。恥ずべき事だが、生徒の実態にあっていない授業をしたそんな時でさえ、授業で寝ていた原因を生徒に責任転嫁していた。私自身がそうであったように教師側の意識の問題は根深い。自らの意識がすぐに変わったのではなく、1年を通して授業改善WGのメンバーをはじめ、同学年団、同分掌の教師たちとともに教育活動を行う中で意識が変化していった。

　1年目に生徒の抱えている困難さに触れ、生徒の背景を理解することの大切さを掴むことができたことは私にとって授業を行ううえでとても大きかった。生徒理解ができてくると授業のやり方も変わっていった。生徒への声かけの仕方、机間指導のやり方、板書の方法等、一つ一つが形式だけでやるのではなく、意味をもって行うことが少しずつできるようになった。そうすることで、授業中の生徒の反応も変化していった。

2）生徒理解の大切さ－生徒の困難さに寄り添う授業づくりへ

　現任校の生徒たちは数学に対して苦手意識を持っている生徒が多い。1年目を経験する中で、高校生になっても九九ができない生徒も少なからずいることに驚いた。しかし、驚いたと同時に考えさせられるものがあった。九九は小学校2年生から学習する。そのときに苦手意識をもったとしても小・中学校の最大8年間、算数・数学の授業を受け続けてきているのである。学校生活において、大半の時間が授業である。「わからない」「できない」と感じながら授業を受ける生徒のしんどさは計り知れない。周りの生徒ができているのに、自分は出来ない状態で教室にいるとどう思うだろうか。そんなことを考えていると何かこみ上げてくるものがあった。

　1年目を過ぎたときには、使命感が芽生えていた。高校が最後の砦。社会に出る前に、数学をほんの少しでも好きになってくれればという想いで授業を行うようになった。関わってきた生徒たちは今までの経験からか数学、教師、学校に対して嫌悪感を抱いていることが多い。そのことを理解し2年目以降、私が授業で意識していることが3点ある。

①生徒のせいにしない

　一般的に数学は積み上げの教科といわれている。授業中に生徒が理解できないところがあると、「○○を理解していないから、この○○ができない」とよく言われる。しかし、入学の段階で、そんなことは百も承知である。そんなことを言い出したらいつまでたってもできるようにならない。そんな状況でも生徒がわかるように授業を工夫する、支援する手立てを考えるという意識をもつ。

②安心感をもてるように生徒と接する

　数学が「できる」「できない」に関わらず授業を受けている教室内すべての生徒に対して平等に関わる、決して見捨てないという姿勢を示す。1年生には4月の授業開始直後に個別面談を実施し、今まで数学に対して抱いている想いや不安を聞き取り、生徒には安心するように声かけを行っている。

③生徒一人一人をしっかりと見取る

　たとえば、授業中に寝ている生徒がいれば、その理由を探るように努める。バイト疲れか、または友達とケンカしたのか、授業が面白くないのか等、授業中に対話を行い、丁寧に生徒の声を拾い上げるように努める。

　この3点を意識して授業を実践することで生徒にも変化が起こってきた。毎年4月、1年生に対して授業を行うとき、数学に対して苦手意識をもっている生徒への対応に私は四苦八苦しながら授業をしていた。ある時、苦手だといっていた生徒が前向きに授業に取り組んでいて不思議に思った。その生徒へ「数学苦手だと思うけど、頑張って授業を聞いてくれているね」と声をかけると、その生徒が「先輩（生徒A）が先生の授業で、数学好きになったって言っていたから」と答えた。

　私は生徒Aに話を聞く機会をもった。生徒Aは数学に対する授業について語ってくれた。高校入学以前は数学の授業は苦痛だった。高校入学後、数学が好きになったきっかけについて私との関係について触れ、「分からないって言わなくても、寄ってきてくれる」「教えてくれるし、分かるまで」と言っていた。生徒の困難さや背景を掴みとり、生徒に寄り添い、支え続けることが授業を行うために必要だと改めて感じた。

3　授業研究の変容と私の授業

1）授業改善WGから授業しんかWGへ

　私はリーダー、アドバイザー等役割が変わりながらも、授業改善WGに8年間携わってきた。授業改善WGでは年度によって様々な取り組みを行った。公開授業において、授業者が参観者にみてほしいポイントを焦点化し、共有するための授業参観メモの導入や「主体的・対話的で深い学び」を目指した授業をつくるためのアクティブ・ラーニング型授業の研究を行った。昨年度の課題を引き継ぎ、新たなテーマを設定し、日々授業力向上に励んだ。

　教師がしっかりと生徒と向き合い、授業に対して真剣に考えて学校全体として取り組んできたことが生徒に変化をもたらした。落ち着いて、前向きに授業を受ける生徒の割合が高くなってきたのである。それまでの学校の姿を知っている人からすると驚くほど変化したようである。

　しかし、授業研究に関する取り組みも徐々に形骸化していった。管理職からのトップダウンによるメンバー編成からなのか、各学期に一回以上という縛りがあるからなのか、直接的な原因はわからないが、教師の「やらされ感」が募ってきていたのであろう。そしてその「やらされ感」は表面化し、職員室でもそういった声が聞こえはじめていた。実際には、授業研究のための公開授業を設定しても誰も見に来ないといった現象まで起こっていた。ただ現任校では、突発的な生徒対応が発生することも珍しくない。そういった状況も重なり、学校が慌ただしくなることも理由の1つだった。しかし、授業研究のために準備をした教師の徒労感は増すばかりであった。

　こういった状況の中、2019年に授業改善WGのリーダーを任されることになった。この年から従来の授業改善WGという名称から授業しんかWGという名に変更された。しかし、従来と同じようにトップダウンによるテーマ設定やメンバー編成であった。私は形骸化しつつある授業研究の取り組みをなんとか変えたいと考えていた。教師が主体的に授業研究に取り組める風土づくりを目的に、管理職からのトップダウンによるテーマ設定やメンバー編成をやめようと考えた。当時の管理職に相談し、選任されていたメンバーを一度白紙にすることを承諾してもらうことができた。そして、有志を募ること

にした。

　また、今回の授業しんかWGでは、共通した決められたテーマではなく、授業において、各自がそれぞれ抱いている問題意識を元に授業研究を行うことにした。そして、徒労感に終わらないためにも何か形あるものとして残したいと考え、自分たちの実践を基に実践集を刊行することにした。教師が自らの実践を綴ることで、それぞれの授業を客観的に捉えることができる。そして授業に対する想いを次に繋いでいこうと考えた。有志として参加してくれた教師は3名であった。それぞれがよりよい授業をつくっていきたいとの想いをもとに授業研究を行い、実践を綴ることになった。実践集には「新たな視点をもつことができたので、やってよかった」「文章にするなかで、自分の中の課題に向き合うきっかけになったように思う」と参加した教師の想いが綴られていた。実践集を読んだ教師の中には実践内容について質問をしてくれる人もおり、次回は参加したいと言ってくれる人もでてきた。

2）「奨学金問題」を考える数学の授業実践
―― 数学を学ぶ意義を掴ませるために

　生徒理解を大切にし、授業を実践することで生徒が数学に対して前向きに取り組むようになってきた。ただ、生徒から「数学やる意味ある？」という発言に対して的確に答えることができなかった。そこで、社会の問題と数学の繋がりを実感できる学習を通して、生徒に数学を学ぶ意義を掴ませることができるのではないかと考えた。社会の問題と自己を結び付け、具体的に捉えることは主体的に社会を形成していくためにも大切なことである。したがって、2019年に数学Ⅰの課題学習の位置づけで利息計算を題材にした「奨学金問題」を考える数学の授業を実践した[1]。

　「奨学金問題」をテーマに選んだ理由は、進学を希望する生徒と接する中で、生徒があまりにも奨学金制度を理解せずに利用している現状を知ったからである。実際に無計画に利用している生徒もいた。奨学金の貸与利率など意味もほとんどの生徒は理解できていなかった。奨学金について理解するためにも利息計算の学習は必要不可欠である。

　単元を構成するうえで、利息計算の中でも複利法に焦点を絞った。理由は2つある。まず1つ目は現代社会において、銀行のローンなど複利法が採用

されているからである。2つ目に、複利法を学習する過程で、累乗や等比数列、指数関数などの数学的概念を掴むことができるからである。義務教育段階の基礎的・基本的が定着していない生徒にも単元の学習を通して内容が理解できることも念頭において構成した。

　単元の学習に入る前に生徒の実態を把握するために事前調査を行った。「奨学金」や「ローン」についての既有知識の確認と消費税の問題を出題した。事前調査から「奨学金」という言葉そのものについて知らない生徒が半数いることがわかった。また、「あなたは2980円の洋服を買いました。消費税が10％とすると、支払い額はいくらになりますか」という問題の正答は3名のみであった。多くの生徒は割合を理解できていなかった。

単元「『奨学金問題』について考える」
　目標：「利息の学習を通して、数学の有用性を知り、数学に関する興味・関心
　　　　を高める」
　　　　「社会生活における事柄を課題として捉えるとともに、課題を解決する
　　　　意識をもつ」
　計画：第一時……単利法と複利法のしくみを理解する（1時間）
　　　　第二時……複利法による元利合計の計算ができる（1時間）
　　　　第三時……複利法の理解をより深くする（1時間）
　　　　第四時……「奨学金問題」について考える（1時間）

　特に第四時では、奨学金問題を社会問題として捉えることで、生徒が自分と社会を繋げて物事を捉える態度を育むことを目指した。そこで日本で使われている「奨学金」という名称は正しいのかという問いを考えさせる授業を、授業者の価値観を押しつけないように留意しながら行った。

　放課後、授業を実施したクラスの担任の先生から「学級日誌に先生の授業のことを書いているよ」と私に連絡がはいった。学級日誌をみせてもらうと担当クラスの生徒Bが「数学Ⅰの授業はとても自分のためになったと思う」と授業の感想を書いてくれていたのである。今まで学級日誌に数学の授業について書かれることはなかったのでとても嬉しかった。

　事前調査で、奨学金は給付されるものと認識していた生徒B。「『奨学金』という名称は正しいか」という問いに「どちらとも言えない」と回答した。その理由を「将来のために学ぶお金という意味はいいと思う。けど、返せな

いのはよくないと思う」と記述していた。また生徒Bは消費税の計算ができなかったが、利息計算を学習する授業で自ら問題に取り組む姿が見受けられた。第一時の授業後に回収した感想には「とても分かりやすかった。以前まで消費税はあまりよく分からなかったけど、分かるようになってよかった」と記述していた。

　今回の授業では、決して全員が前向きに取り組んでいたわけではない。「どうでもいい」といった感想を書いた生徒や寝てしまう生徒もいた。ただ、生徒Bのように少しでも数学が自分のためになっていると感じてくれる生徒がいたことが感慨深かった。

4　現在の授業研究のかたちへ

1）紀文↗（きぶんや）—— 教員が前向きに授業に取り組める空気感を目指して

　次年度の2020年、授業しんかWGはまとめ役のみ選任される形となった。そして同僚のT教諭と2人でスタートした。授業しんかWGの目的は「教員が、前向きに授業に取り組める空気感（職場）の醸成」とした。

　教師が普段の困りごとなどを相談する場が必要だと考え、気軽に授業等について話できる場として「授業と茶話会」という会をT教諭発案のもと設定された。「授業と茶話会」は基本、月に1回40分間という時間設定で開かれる。グループメンバーは教職員全員だが、参加は自由（途中参加、退席あり）である。発言した内容については、本人の了承のもと、すべての教職員に公開することになっている。また参加していない人も意見を言えるように工夫された。

　何かにとらわれるのではなく、目的を持ち、やりたい事にチャレンジする雰囲気などを大切にして前向きに動いていける活動にしたい。そして結果的に、和歌山県の教育活動や教員、生徒のレベルアップに繋がってほしいというT教諭の想いのもと、授業しんかWGから紀文↗（きぶんや）という名に変更された。

「紀文↗（きぶんや）」の由来
きぶんや：教員がその時の気分次第で、参加、不参加OK。飛び入り参加もOK
　　　　　だし、会の途中の飛び出しもOK。
「紀」：紀州の紀を使用。5年後、10年後の和歌山県の教育活動を支えていきた
　　　　い！
「文」：学校の地図記号の文を使用。学校、教育について話をする会として。
「↗」：教員がより前向きになれたらいいなという想いから↗を使用。

　T教諭から「紀文↗にしようと思うけど、どう？」と相談されたとき、私はすぐに賛成した。「○○WG」という表現がなんとなく「やらされ感」に繋がっていると感じていたからである。
　2020年は「授業と茶話会」を年間10回開催した。各回のテーマ以下である。

第1回：困った事を出そう／第2回：教員の願いを出し合おう／第3回：教員から見た生徒の願いって？／第4回：教員と生徒の「願い」のギャップを確認した上で「願い」の再設定／第5回：願いを達成するための手段は？／第6回：具体的に何を行うのか出し合おう／第7回：具体的にやってみたい事を決めよう／第8回：授業で実践していることを伝えよう／第9回：公開授業週間に向けて／第10回：公開授業週間を振り返って

　第1回では、教員たちの学校でのことだけでなく、プライベートな事も含めて困っていることを出し合った。そして、第4回の「願い」の再設定では、生徒に「学校を楽しいと思ってほしい」「コミュニケーション力を高めてほしい」という願いの2つに集約された。願いを達成するための手段として、授業、授業以外に分けて取り組んだ。実際、校内の廊下に生徒の作品が飾れる掲示板の設置や生徒が午後の授業に向けて前向きに取り組めるように、昼休みに音楽をかけるようになった。
　授業では、3学期に公開授業週間を設定した。授業研究と異なり、指導案も作成しない。各自が自由にテーマやみてほしいポイントを設定し、共有化を図り公開授業を行った。授業評価カードを利用し、研究協議の時間を設定しない代わりに授業者と参加者の意見交換ができるように工夫した。また、スタンプラリーを行い、教師自身が楽しそうに取り組んでいる様子がとても印象的であった。

２）最後に

「うちの生徒は小学校の算数で躓いているから数学の先生以外でも教えられるだろう」という一言を言われたことがある。しかし、この言葉は生徒の困難さを理解していない。今までの授業を通して、生徒はどれだけ傷つき、しんどい想いをしてきたのだろう。授業研究を通して、私の一番大きな学びは、生徒を理解しようとする姿勢を獲得したことである。しかし、私も決して一人ではそのような考えにはならなかった。生徒、保護者、教師との関わりはもとより、授業研究を学校文化として根付かせようとする過程とともに学ぶことが出来た。

生徒が「この学校にきてよかった」、保護者が「この学校に子どもを入学させてよかった」、教師が「この学校で働けてよかった」と思ってもらえるような学校が、私にとって理想の学校である。そのためにも学校でより多くの時間を費やす「授業」をこれからも私は大切にしていきたい。よりよい学校、よりよい授業を目指して、今後も実践に取り組んでいきたい。そして、一人の人間として学び続けていきたい。

注

1）本実践は、金山卓史「課題集中校における『学び直し』の意義に関する実践的研究－『学び直し』概念の検討を通して－」（2019（令和元）年度和歌山大学大学院教育学研究科修士論文）に掲載したものである。

（金山　卓史）

5　金山教諭の実践から —— 学びを生徒自らの手に戻そうとする教員組織づくりと授業研究

日本の高校進学率（高等学校進学者÷中学校卒業者）は、令和２年度には98.8％に上り、さらにその大半にあたる73.1％が普通科に在籍している[1]。その高等学校教育は今、改革の岐路に立たされている。国際化や情報化の加速に伴い、社会構造が急速かつ大きく変わるなかで、コンピテンシー（社会が求める「実力」）や生きて働く学力の形成が目指され、大学入試改革を含む

高大接続改革が進められるなか、従来の学校教育が進めてきた「勉強」が、知識の正確な暗記・再生に傾斜した脱文脈的・記号操作的・認知主義的なものではなかったかと再考され、これからの時代に求められる高等学校教育のあり方が問われているのである。

　高校普通科は、長らく「偏差値輪切り」と評され、入学後も受験といった「出口」のための受験学力の向上に注力がなされることが多い。確かに、誰もがより幸せな人生を歩みたい、より難易度の高い進路を実現することが「幸せ」なのかは誰にもわからないが、受験学力を向上させることは、生徒のために他ならない。しかしながら、金山先生の書かれているように、「この高校にしかいけなかった」「どうせ自分は馬鹿だから」と、序列化された学歴社会のなかで、一方的・一元的な評価にさらされ、自尊感情を傷つけられてきた人は少なくないだろう。もちろん教科の学力や「知っている」「分かる」ということ自体が無意味なわけではないが、学習者の手が届かない場所に「絶対的な正答」があって、正答かどうかで一方的に評価を下されるような学習のあり方では、能動的な学習者を育てることなど出来ないのではないだろうか。

　金山先生が2019年に実践した、数学Ⅰ課題学習「『奨学金問題』を考える」の単元は、「奨学金」を題材にして、数学が社会のなかでどのように使われているのか、数学で学んだことが社会でどう生かせるのかを意識させ、「なぜ、何のために数学を学ぶのか」という意義を学習者である生徒自身に見出してもらうことを目指して実施された。第４次で生徒は、授業で学んだ数学的知識を基に「『奨学金』という名称は正しいか」を価値判断していった。この際、金山先生は「授業者の価値観を押しつけないように留意しながら行った」と書かれているが、こうした金山先生の配慮は、教師が想定している答えを探るのではなく、試行錯誤しながらでも答えはそれぞれの生徒に出してほしいという願いがあってこそではないかと思う。生徒たちにとって、社会問題や数学は、いずれもまだまだ心理的距離の遠いものなのかもしれないが、少しでも自分との繋がりを感じ、関与する余地のある問題だと捉えられるようになることが、学校教育のなかで「なぜ、何のために学ぶのか」を問うこともできずに一方的に評価を受けてきた生徒らの手に学びを戻し、学びの主体を生徒へと戻そうとする重要な取り組みの一歩だと私は思う。

　また、金山先生の取り組みは自身の授業改善だけでなく、勤務校における授業研究の文化づくりに繋がっている。授業研究は、授業を見せ合い、協議するなかで、それぞれが「教材観」「児童生徒観」「指導観」「授業観」を磨いていく、明治時代から続く日本の授業改善の仕組みである。その授業研究が近年、改めて注目されており、「授業研究」や「研究授業」を冠する書籍も数多く出版されている。生きる力やコンピテンシー志向への学力観の転換の受け、授業の計画・実施・評価・改善のありかたを、より一層児童・生徒の多様な学びを捉えられるものへと変換していくため、授業研究が見直され、多様な形で展開されるようになっている。また、「学び続ける教師」像が示され、教師として解決すべき「課題」を見出し設定して、実践の改善に組織的にあたっていける力が求められていることも、授業研究が見直される一因となっている[2]。形骸化・形式化しがちであった授業研究の持ち方が見直され、教員同士の相互作用・相乗効果を生む取り組みとして再生していけるよう、授業研究の自律進化が求められているのである。

　金山先生自身、生徒一人ひとりを見取るなかで授業観ががらっと変わったと書かれているが、どんな教育者でも前任校での経験、更に言えば自身の受けてきた教育経験からくる「授業観」はなかなか変えられるものではない。学校が変われば、学級が変われば、生徒が変われば、「教え方」も変えなければ生徒に入っていかないことが身に染みて分かっていても、どんな生徒が目の前に居ようとも「教科を教えるという面では変わらない」という意識を少なからず誰もが持っているように思う。教科の専門性が高い高校では、なおさらだろう。金山先生は、「生徒の学習面での躓きの原因を、生徒の能力や意欲の低さのせいにしてしまう」という教師の側の意識の問題に気づき、教師が生徒一人ひとりを見とり、理解していくため、形骸化しがちであった授業研究のあり方を、勤務校の実態に合う形へと改善していこうとされてきたのである。

　そこでなされてきた様々な配慮や工夫は、「授業改善WG」➡「授業しんかWG」➡「紀文↗（きぶんや）」へと変わっていった名称の変遷からも見て取れる。教員が前向きに授業に取り組める空気感の醸成は、当初から一貫したものであるが、徐々に「学校の校務分掌だから」ではなく、参加する教員の問題意識に沿って、堅苦しさをなくし、都合に合わせて気軽に参加できる

形へと変わっていった。そんななかでも実践集を刊行するなど、参加した教員にも参加できなかった教員にも、意味を感じられる形を作り上げている点は、金山先生を始めとする先生たちのバランス感覚のなせる業だと思う。教員一人ひとりが大事にされ、活躍の場があること、緩やかにお互いを支え、いつでも必要な時に繋がり合える関係性・ネットワークの形成が、生徒を支える教員組織に繋がっている。生徒一人ひとりの多様な学びのあり方を捉えながら、より一層生徒が学びの主体となっていけるよう、子どもからの授業の創出にも今後取り組んでもらいたい。

注

1）文部科学省（2021）「高等学校教育の現状について」2頁。
2）木村優・岸野麻衣　編（2019）「授業研究の誕生と成長」『授業研究：実践を変え、理論を革新する』6-11頁参照。

（松尾　奈美）

第4章

学習集団の授業研究の今日的展開と課題
── 小学校のフィールドワークを事例に ──

1　学習集団研究にとっての授業研究という問い
── 「はじめに」にかえて ──

　学習集団研究において以下の二つの観点から授業研究は中心的な課題とされてきた（吉本1966、60-61頁参照）。一つ目は、学校教育の現況のなかから切実に求められている実践課題への応答として、科学や文化の体系的遺産を獲得していく活動に向かって授業や学級を集団的体制に組織するという観点から考え直すことである。二つ目は、近代教授学の遺産を批判的に継承し、現代において教授学を確立することの必要性からである。「教材内容、教材の再検討、集団過程を含む授業づくりの組織化」や「教師の授業づくりの内的過程に即してその判断の節目を問題にする理論的枠組み」（石井2014、39-40頁）としての戦後の授業研究の展開は、目の前の子どもたちの現実から学習主体の形成を通じてこれからの社会を立ち上げようとする学習集団研究の展開と符合するものでもある。

　いまや「授業研究」は、教師教育と不離一体のものであり、教師の力量形成の場、教師間の同僚性を構築する場、学校改革を推進する場としての校内研修が主な舞台となっていることは周知のとおりである（石井2019、119頁参照）。しかしながら、授業研究が校内研修として位置づけられるようになることで、「授業の画一化」に向かう形式の定められた学習指導案やモデル化・スタンダード化された学習過程および教師の教授行為の検討といった授業研究の形式化・形骸化への警鐘がならされてきている（子安2021、43-52頁参照）。授業研究の形式化・形骸化に抗して、「ドラマとしての授業（子ども・教材・教師の矛盾をはらんだ相互作用）を構想し組織する教師のアート（熟慮・判断と配慮の過程）の内実を教室の内側から対象化し、共有財産化」する学習集

団の授業研究が、「教授学や授業づくりの理論の蓄積を再評価したり、批判的に継承・発展させたりする」ことへといかに接合しるのであろうか（石井2019、131頁参照）。

　本章では、授業のあり方を「常に問いただし、見直す」固有な「教育の方針」を有する思想と実践である学習集団づくりにおける授業研究という視角から、具体的な学習集団の授業研究実践の検討を通して上記の問いへ迫ることを試みる[1]。本章で取り上げる実践は、宮崎県の公立小学校教員である松浦悟史の実践（以下、松浦実践）である。筆者のうちの二人（阿蘇・藤原）は2021年11月と12月に、筆者の一人でもある宮崎大学の竹内元の仲介のもと二回の松浦実践の参与観察を行った。松浦先生（松浦は筆者の一人であるが、松浦以外の執筆者が表記する際には、会話でもやりとりをする「松浦先生」と表記する）とはサークルや大学での講義・打ち合わせを介して二つの松浦実践についての共同検討を行い、松浦先生自身の実践および実践分析の振り返りを盛り込み、本章を4名で共同執筆することとなった。

　本章ではまず次節で、2021年11月の松浦実践の検討を通じて、「全員参加」を志向してきた学習集団づくりにおける「参加」のあり方そのものの内実を捉え直し、「全員参加」の授業づくりに向けた授業研究の視点を明らかにする。第三節では、2021年12月の松浦実践の検討を通じて、「参加」を保障する教師の指導技術に着目してその意義と課題に論究する。さらに、「授業のあり方を『常に問いただし、見直す』」共同的な営みであり、「自主的な教師の学び合い文化」（石井2014、36頁）としての教師の自主サークルを含めた授業研究のあり方を検討する。第四節では、教師がどのような「教育の方針」を有し授業を実践していたのかを、授業者である松浦先生自身の視点から記述する。第五節では、松浦実践の事実から生成され見直されていく学習集団の概念（キーワード）について授業研究へのかかわりとともに言及する。これらをとおして、学習集団研究における授業づくりと集団づくりを基点に学習集団の授業研究についての今日的展開と課題を明らかにすることを試みたい。

（阿蘇　真早子）

2　一人の「わからなさ」とその周りにいる子どもたちから「参加」のあり方を問う

　本節では松浦実践を、「わからなさ」を表出するということによる「参加」のあり方とその「わからなさ」を受けとめる＝聞いている周りの子どもたち

第6学年1組　算数科学習指導案	11月16日　3校時　県外視察研修　資料 よかったら参観してください‼

1　単 元 名　　比例と反比例

授業提案者　松浦　悟史

2　本時の目標

　○　比例の関係を用いて、部分から全体の見積もりを求める考え方を理解することができる。

3　指 導 過 程

学習活動及び学習内容	指導上の留意点
1　学習問題と出合う。 　○　学習問題 　　　針金は全部で何mあるのかな？ 　　・「たぶん20mぐらい。」 　　・「伸ばして測ればいいよ。でも無理か……。」 　　・「その針金全体の重さを教えて。」 　　・「全体の重さだけ教えられても分からないよ。」 　　　問い①　他に何が分かればいいの？ 　○　問い①に対する答え 　　・「1mなどの部分の重さが分かればいい。」 　　　問い②　1mの重さが分かれば長さが分かるの？ 　○　問い②に対する答え 　　・「重さと長さは比例しているから、全体の重さを1mの重さで割れば、何mあるか分かるよ。」	○　針金の束を見せ「針金は全部で何mあるのかな？」と問い、子どもに自由に発言させることで、全員の子どもが参加できるようにする。 ○　子どもから様々な質問が出るであろう。「全体の重さだけ教えるね。」と教師が発言することで、「それだけでは分からない。」という発言を引き出したい。 ○　「1mの重さを知りたい。」という子どもの発言を取り上げるが、まだ比例の関係を見出せない子どもがいることが予想されるので、新たな問いとして全体で共有していく。 ○　重さと長さの関係に気付いた子どもにヒントを出させることで、比例の関係を用いればよいことに気付くようにする。

図1：2021年11月の松浦実践の学習指導案の一部抜粋

の「参加」のあり方を問う実践として捉え、その実践の提起するものを検討する。なお、「出席」との対比で捉えられてきた「参加」の捉え方は多様に提起されてきているが、ここでは久田（2010）の指摘する「参加」と「他者との共同」との相互関係という視点に依拠して考察を行う[2]。

　2021年11月に行われた松浦実践は、小学校第6学年算数科「比例と反比例」の単元目標である「比例の関係を用いて、部分から全体の見積もりを求める考え方を理解することができる」ことを意図した授業である。学習指導案（図1参照）でも示されているように、学習課題の把握に時間をかけることによって、学習者が学習課題と向き合う構えをつくり、学習へのスタートラインを揃えることが配慮されていた。学習課題に向き合う構えによって学習課題に対する「わからなさ」を子ども自身が表出することが可能となる、という想定である。本時の課題である「全部の長さ」を求めるために必要な「全体の重さ」と「1mの重さ」の関係をとらえることができていない子どもの「わからなさ」を表出させ、その「わからなさ」に寄り添いながら松浦先生は授業を展開していった。

1）「わからなさ」や「つまずき」を抱える子どもの「参加」

　学習集団論においてもむろん「わからない」「できない」は解決されるべき課題だとはされてきたが、そうした「わからない」「できない」という現状はあくまでも「集団のなかに存在する『異質性』の一つ」（岸田・新井2022、125頁）であると捉えられる。むしろ異質性を湛える一人の存在が、「応答し、共感し合う」学習集団として成長する契機だとされてきた[3]。わからないやできない、間違いやつまずきを大切にするということは、「『まちがいが出たら取り上げる』といった消極的な『待ち』の姿勢ではなく、積極的にまちがい（つまずき）を拾いだし、評価し、授業過程に位置づけていく取り組みである」（杉山1989、55頁）とする杉山緑の指摘は、わからないやできない、間違いやつまずきを大切にし、「底辺の子ども」の授業への参加を保障する学習集団論における教師の指導性であると受けとめられてきた。

　松浦実践では、針金の全体の長さを求めるという課題に対して、針金全体の重さと針金1m分の重さの関係を見出すことができていなかったAさんの「わからなさ」を拾い上げ、その「わからなさ」に教師が寄り添うことで、

周囲の子どもたちもAさんの「わからなさ」に寄り添いながら授業が展開していった。

T：1mの重さが分かれば、全体の長さが分かるよって人どれぐらいいます？

C：(挙手)

T：なんでって思っている人？

C：(Bさんが挙手するのをみて、Aさんも挙手をする)

T：だよね。何をしようとしているの？

C：(それぞれが自由につぶやく)

T：じゃあ、Dさん、ちょっとお話しして。

C：え、全部の重さ÷1mの重さをしたら、針金が何mかわかるかなって。

C：いいと思います。同じ。(それぞれが自由につぶやく)

T：Bさんどう？

C：(Bさん首をひねる)

T：だよね。Eさんどう？

C：だいたいわかった。

T：だいたいわかった。なるほどー。

T：まだよくわかんないって人？

C：(Bさん挙手)

T：あと1人、本当に？

C：(Aさん首をひねりながら挙手)

T：はい。えっと、どうしようかなあ。もうちょっとじゃあお話続けてみようか、別の説明で。

T：これが、長さが何でわかるのかがわからないんだって。

C：はいはいはい。(それぞれが自由につぶやく)

T：だから、AさんとBさんが納得したら次に進もう。で、納得させてって言ってるの。

状況はわかった？　　　　　　　　　　　　〔T：教師　C：子どもを示す〕

図2：2021年11月の授業記録の一部抜粋①（ビデオ録画の記録を基に筆者作成）

　図2には、「1mの重さが分かれば長さは分かるの？」という本時の学習問題に対して、全体の重さと1m分の重さの関係を理解できずにいたAさんが「わからなさ」を表出することができるまでの教師の問いかけと、表出さ

れたAさんの「わからなさ」を「長さが何でわかるのかがわからないんだって」と代弁することによって学級全体に共有した教師の働きかけが記録されている。

　教師の働きかけに対して、この記録にもあるとおり、松浦実践では子どもたちが自由に「つぶやく」ことが特徴の一つでもある。授業の記録におこされる「つぶやき」もあれば、この記録のように直接は言明が記録としてあらわされない「つぶやき」もある。例えば、Aさんの「わからなさ」は「つぶやき」としては記録にはあらわされてはいない。当初Aさんは教師の問いかけに対して簡単にはわからないと言えず、手を挙げることを渋っている様子が見られた。教師の「なんでって思っている人？」という問いかけに対して、周りの子が挙手した様子をみてAさんも挙手をした（図2参照）。「繰り返される教師の問いかけ」によって、周りの子どもが「わからなさ」を表出したことにより、Aさんが「わからなさ」を表出することにつながっていった。Aさんたちが表出した「わからなさ」に応答することを求める教師の指示によって、Aさんたちの「わからなさ」を集団で解決することが試みられた。その後、近くに座る人から説明を受けたものの解消されなかったAさんの「わからなさ」を、松浦先生が引き受けAさんへの説明を重ねた（図3参照）。

T：たとえば全部が60グラムだったとするでしょ。1mが20gだったら。20gはいくつ入る？ 60gの中に。
A：え……わかんない。
T：60のなかに20はいくつ入る？
A：3
T：3つ入るよね。ということは、20gは1mなんだから全部で何m？ 3つ入るというこは？
A：……
T：1mが20g。それが3つある。何m？
T：1が3つある、何m？
T：うん、1mが3つ分。1mが3つ分は1×3
A：3？
T：3mでしょ。
A：うん。

> T：同じように考えて、全体の中に同じ重さをいくつ入りますかっていう計算
> 　　をしたらどうっていってるの。
> A：（うなずく）
> T：OK?
> A：うん。
> T：ほんとうに？
> A：わかんない。
> T：だよね
> A：（手を動かしながら何かを言おうとしている）
> T：そやね、なんで割るかがわからないんだよ、まだね。
> A：はい。　　　　　　　　　　〔T：教師　A：本文中の「Aさん」を示す〕

図3：2021年11月の授業記録の一部抜粋②（ビデオ録画の記録を基に筆者作成）

　松浦先生は、図3で表されているような教師とAさんとの対話に閉じていたAさんの学びの過程を、「今、どんな話をしていたかっていうと……」「Aさん、まだ納得していないから、ちょっとゆっくり進むね」と、学級全体にオープンにしていった。Aさんの学びの状況（わからなさ）を学級全体で共有することの意義は、他者の「わからなさ」を受容することに留まらず、他者の抱えている状況に応答する自己のあり方、すなわち他者と「ともにある」自己のあり方を問うことを促すことにある[4]。換言すれば、「聞き手」の参加のあり方を態度面としてではなく、子ども相互の関係性の構築に向けた実質的な参加として構想することにつながるものである。

2）他者との共同を内に含めた参加

　松浦実践におけるAさんの「周りの子」にも見られた「わからなさ」を受容する主体としての参加のあり方には、能動的な聞き手としての共同のあり方を検討する契機を見出すことができる。

　相手の困り感を受容する主体として授業に参加することを可能にする前提は、「相手を問題のある存在ではなく、別のナラティヴの中で意味のある存在として認める」（宇田川2019、84頁）ことである。相手の存在そのものを認めることは、相手の課題を自分の視点から判断するのではなく、相手の状況やこれまでの生活史を含めて相手の課題に想像力を働かせることである。想

像力を働かせることによって「こちら側がどのように働きかけることができ
るのか、そのリソースを掘り起こす作業」や相手の状況から「自分が言って
いることや、やっていることがどんな風に見えるのかをよく眺めてみる」こ
とが促される。そして「相手にとって意味あるものとして受け入れられるた
めに必要」なことを考えるようになる（宇田川2019、42-44頁参照）。このプロ
セスを経ることによって、「わからなさ」の表出（他者からの呼びかけ）を聞
いた聞き手は、聞いたことに対する何らかの応答をしようとする主体へと移
行していくことが期待される[5]。

　松浦実践では、Aさんの学びを待っている「周りの子ども」たちは、Aさ
んの「わからなさ」を受容し、Aさんが「わからなさ」と対峙する「間」（時
間、空間）を提供していた。「周りの子ども」たちは、Aさんの「わからなさ」
に対して積極的な働きかけはしていないが、学習問題に対する「わからなさ」
のただなかをもがいているAさんを「待つ」というあり方でAさんの授業へ
の参加を保障するとともに、「待つ」というあり方で授業へ参加していた。「周
りの子ども」たちの学びを保障していくためには、「周りの子ども」たちが「わ
からなさ」を受容するだけなく、「わからなさ」に応答する主体へ、つまり「わ
からなさ」を抱えるAさんの存在そのものに応答する主体へと発展していく
ことがめざされる。その過程においては、教師の問いかけへの応答であるA
さんの「わからなさ」の表出は教師に対してだけのものではない、という受
けとめ方を子どもたちに要求する。すなわち、教師の問いかけに対する子ど
もの応答は、教師に対してだけのものではなく、学級全体への応答であると
とらえる子ども相互の関係性を構築する教師の指導が必要となる。それはま
た、能動的な聞き手を育てることであり、聞き手として能動的に「参加」す
るとはどういうことかを問うことである。

　一人の「わからなさ」に寄り添い、「周りの子ども」の参加のあり方を問
う松浦実践は、発言することだけに重きをおいた「全員参加」の授業づくり
ではなく、聞き手としての能動的な参加、あるいは、能動的な聞き手として
の参加を問う「全員参加」の授業づくりについて授業研究を行う視点を提起
するものである。

（阿蘇　真早子）

3 子どもの授業「参加」を保障する教師の方法技術と教師の授業研究

　本節では、2021年12月に行われた松浦実践を取り上げ、松浦実践の板書を事例に「教師の指導性」と教科の授業への子どもの参加の関係性を明らかにすることを試みる。次に、授業を共同で検討する教師の自主的なサークルの取り組みに焦点をあて、学習集団づくりにおける授業研究を取り巻く今日的状況について論じる。

　2021年12月に行われた松浦実践は、小学校第6学年における「場合の数」を学ぶ単元の第一時の授業であった。「順列について、落ちや重なりがないように調べる方法を考え、その方法を理解する」という本時の目標のもと授業は展開していった。教師は授業の中で2つの学習問題[6]を提示する。2つの学習問題を解いていくことを通じて、子どもたちは3種類や4種類のアイスを2段にするときのアイスの組み合わせを「おちや重なり」がないように考えていく方法を出し合っていった。

1）子どもの「参加」を保障するための板書の技術

　板書は45分の授業の中で書き込まれ、授業が終われば次の授業に備え書かれたものは消えていく。教師が一回の授業の中でどのような板書を構想するかは授業の計画と連動したり、子どもたちの学習の流れやノート指導と連動したりと、授業づくりの一環として取りくまれるプロセスの一つとなる。子どもたちにとっての板書は、「板書されたことはノートに取ったほうがいいだろうか」、「板書されたことや教師の話すことを関連付けてどうやってノートに書こうか」、授業の流れから外れてしまったとき我に返って黒板を見ると「今授業はどこまで内容が進んでいるのかがわかる」など、授業を受ける構えや学習進度の確認ができる手段となる。

　板書に関する指導技術に関して、例えば戸塚茂則は、教師の書いたことをひたすら子どもたちが書き写すといった「教師の独占物」としての板書、子どものつまずきが現れず調べたことの結果が並べられていく「子どもの自由発表」としての板書形態を批判した（戸塚1986、192-195頁参照）。戸塚は、一

斉授業を効率よく行いたいという教師の意図や、子どもたちには学習内容を覚えさせるという学習観と授業観が板書のスタイルへ反映されることを乗り越えていくために、板書の役割の捉え直しを図っている。つまり、学級全体で集団思考を深めるための板書の役割について、（1）「思考の手がかり」としての板書、（2）「思考の足跡がわかる」板書、（3）「子どもとともにつくる」板書という板書への見方の転換を促した（戸塚1986、192-195頁参照）。また大西忠治は、板書の多様な方法を「表現的板書」、「構成的板書」、「体系的板書」の3つにまとめた（大西1987、124-125頁参照）。大西は、「構成的板書」こそ、板書技術の花であり、板書技術の最高の形態である」（大西1987、134頁）とし、そのような板書は「授業がすすむにしたがって板書が全体像をあきらかにしていき、板書に書かれた一つ一つの要素が、全体の中で意味と位置を明らかにしていく」（大西1987、126頁）ような板書であると説明している。

　松浦先生における算数の授業は、「構成的板書」として成立していることが特徴であると言える（図4参照）。授業の流れとともに、授業の中でリアルタイムに子どものどのような声や意見を反映するかも見通され構造化されているのである。松浦先生自身が、板書の研究にこだわってきたという背景が、構造的で細部にまで目くばせされた板書として成立させている。例えば、日付の隣には年間を通した算数の授業回数が「No.○」として書かれている。左には休憩時間から算数の時間へと子どもたちを導入するための足し算の問題[7]が取り組まれていることがわかる。授業では、学習課題が2つ並ぶ。青

図4：松浦先生の算数の授業（12月）における板書写真（筆者撮影）

い枠で囲んだ問いの部分は、主要発問以外の授業中の「小刻みな問い」として子どもたちに投げかけられている。アイスの組み合わせを考えるときに、子どもたちの考え方を「○○方式」と名付け、子どもたちの考えや声が板書に反映されるようしている。子どもたちの声を反映するだけでなく、「○○方式」で提示された並び方の規則性の比較や「おちゃ重なり」なく並べるために樹形図で表すことに気づかせる過程も板書の中で描き出されている。このように、細部にこだわった小さなしかけが、個々の子どもの参加を促したり、子どもとともにつくる授業といった大きな目的の達成をたぐりよせるものとなる。

　デジタル技術の発達により電子黒板の使用やデジタルデバイスを用いて学習内容を視覚的に捉えやすくする方法がますます進んでいる。もはや教師が授業計画と板書計画を連動させ、集団思考の誘発をしかけるという授業の光景も変化していくのかもしれない。しかしながら、授業の中で子どもの学習をよりよくするためという目的のもと、授業を計画、展開していくための板書の技術への問いは、まだなお教科の学習に子どもの参加を促す授業づくりに向かう教師の行為と技術を支える重要なものだといえる。

　授業において「板書とは、文字通り黒板に何かを書くことではあるが、落書きとは明らかに違う。教師や子どもが発する話し言葉（音声記号）の中から意味をくみ取り、子どもの学習活動を方向づけるような効果を意図して、戦略的に視覚化する行為なのである」（八木2014、132頁）。板書をするという教師の行為は、子どもの思考の順序や葛藤を可視化させることと同時に、子どもの集団思考を誘発させる教師の指導性を発揮させる技術ということができる。板書というメディアのあり方に授業における集団思考を仕掛ける教師の教育的タクトをみるのである。

2）教師サークルにおける実践の読み直しと授業研究

　一つの授業を見て分析の視点を定めるにあたり、授業の前後で行われている授業検討も含めた広い意味での「授業研究」としての営みが土台にあることに着目する必要がある。というのも、一つの授業をとりまく学校や地域、授業中ではなく授業外での教師と子どもの様子といった文脈を考慮しない「授業研究」における授業批判は、ときに授業者の授業公開の労に対し不誠

実で空回りした意見として映る場合があるためだ。

　柴田義松は、科学と教育の結合を目指した授業研究を行う場合、授業という複雑な現象を多視点的に捉えるという方法論を述べている（柴田2010、4頁）。

　　　授業という具体的実践過程は、教育のあらゆる理論の出発点であり、また終着点である。そこには、さまざまの要素、側面が複雑にからみあっている。それらのものを一つ一つとり出し、その本質を究明し、さらにそれら相互の関係を明らかにするというのが、科学研究の当然の手続であろう。こうした分析的研究をへないかぎり、授業は混沌とした複合物である。それをまるごと対象とするかのような「授業研究」からは、せいぜい感覚的、常識的な意見しか出せないにちがいない。

　その上で柴田は授業研究の営みにおいて、授業を教師・学者・芸術家などと集団的共同的に検討する意味を2つ述べた。第一に、領域横断的な見方を共有することの必然性から述べられる意味である。教育の内容や実践の中で行われている事実を体系的に整理し叙述しておくということは、科学（者）のみの行う仕事でもないし、教育（者）のみの行う仕事でもないということである。とりわけ「教科の基礎にある科学の体系そのものが一つではない」のである。一つの科学的な基盤に寄りかかることができないことは問題なのではなく、一つの基盤で済まないからこそ、「さまざまに構想される体系は、教育の実践を通してはじめてその整合性、体系性がたしかめられるのである」（柴田2010、6-7頁参照）。第二に、「科学的」な授業研究のあり方自体への疑問からくる提起である。授業の記録や整理に大きな授業研究のエネルギーを費やすのではなく、授業研究を通して共同研究自体の科学性を高めること、つまり集団で授業案をつくったり、それを共有し検討したりしていくことを通して教育学的な知見を生成することが念頭におかれている。

　日本の「授業研究」において教師と研究者の集団的共同は、学校の研修以外にも、民間の教育研究団体や教員の自主的なサークル活動において共同のための居場所が確立されてきた。「授業を組織的・計画的な活動だと考え、教師の指導性が発揮されることを認める教育観にたつ」（柴田2010、10頁）な

らば、共同で知見をもちより教師の作成した授業計画や授業案をより緻密化・具体化していく授業検討を経ることが、授業づくりのための解釈共同体の形成へ寄与し、授業研究の営みを支える役割を担っていく。

2021年12月に参観した授業にはどのような人たちが関わりながら「授業研究」が展開されていたのであろうか。まず、授業の参観者をひも解くことから学習集団の「授業研究」の足跡をたどってみたい。2021年11月にも同年12月の授業にも、松浦先生の授業には学校の同僚以外にも多くの参観者がいた。その構成員は、若手を中心とした同僚教員から県外から授業を観にきていた大学関係者（筆者らを含む）を始め、宮崎大学の教職大学院関係者といった10名以上が参観していた。松浦先生にとって授業を公開するという意味は複数ある。例えば一つ目は、県外から授業を見に来られるということで急遽「県外視察研修」と銘うち開かれた授業の文脈があった。一方で、授業後行われた授業者との振り返りの中では、別の意図があったことが開示された。すなわち二つ目に、授業を公開することの意味を受け取ってほしい宛名は、特に若手の同僚に向けられたものであったという意図や意味である。集団的共同的な授業研究は、まずは他者に授業を開くということから授業研究が始まるというシンプルな前提が伺える。学習集団の授業研究は、授業者自身が積み上げてきた授業史に目をむけるだけではなく、授業者の学校での立場、同僚との関係性の文脈を考慮しながら、一つの授業成立を支えるあらゆる背景情報を手がかりに営まれている。

次に、自主的な教師サークルの場を「授業研究」の営みへと含みこむことで、サークルにて行われる授業検討が今日的な学習集団の授業研究に提起することを示す。

2021年12月には松浦実践に接続して、松浦先生自身が参加する教師のサークル[8]が開かれた。サークルでは、参加者とともに松浦実践の授業ビデオ検討が行われた。当該サークルの流れはおおよそ、一本の授業ビデオを見たのち、グループに分かれて授業についての検討が行われるというものである。サークルにおける会の進行や議論・論点の整理は、竹内元が主に担当している。2021年12月のサークルでは竹内から、「授業を学習集団の視点で見て気づいたこと」「自分のしている実践と比較して気になること」「授業者の授業を改善するとしたらどこか」といった論点が提示された。これらの論点に沿

いながら、教員の立場として参加している参加者は、授業ビデオと自身の授業スタイルを比較したり、スタンダード化していく昨今の教育実践現場の動向を考慮しながら、教師の主体的な授業づくりの存在を確かめるように意見が出されていった。院生・学生の立場としての参加者は、司会から投げかけられた授業検討の論点や同じグループから出された授業の見方について意見を出していった。

　「授業研究」は、授業を成功に導くための汎用的な方法やロールモデルとしての教師の指導性を描き出すことが主たる目的ではない。成功モデルは、「容易に、独断的な、時には、望ましくないスタンダードに転化する可能性がある。複雑な状況においては、ある視点からの成功は、他の視点からは失敗である」（中野2016、10頁）。ゆえに「授業研究」という営みにおいても、教師としての「正しい選択」や独断的な判断が、子どもの声を無視した授業のスタンダード化へ転化する道へとつながっていないのかということに最大限の注意を払い続ける共同検討のあり方という光景が一つのモチーフとして描き出されるのである。「正しい選択」によって成功的なパフォーマンスが授業で成立したと思われるときにこそ、「注意」が必要なのである。

　1つの授業の複雑性をひも解くための視点を出し合い、授業は教師一人ではつくることができないという複雑さに気がつく。共同で授業を検討し合うことは、授業を解釈し合うための聞き合う授業研究の体制を構築していく中で、授業づくりを軸にした豊かな実践知が掘り起こされると同時に、実践が共同で読み直される契機となる。

（藤原　由佳）

4　「あい」のある集団づくり ―― 算数の授業づくりと学習集団づくり ――

　「算数の授業を子どもたちは楽しんでいるのであろうか？算数の授業が形式的な型にはまっていないであろうか？」この二つの問いを機会がある度に他の先生方に発信するとともに、自分自身も常に問い直してきた。

　教師が一方的に知識を伝達する授業、子どもを見ていない授業、子どもの

声を聴いていない授業、形式的な型にはまり、子どもを置いていってしまう
授業……挙げだせばキリがない多くの課題に、われわれ教師は日々どれだけ
向かい合っているだろうか。教師主導の授業がまだまだ展開されているので
はないだろうか。

　もちろん教師主導による授業展開そのものを否定するつもりはない。私自
身も昔は子どものための授業と呼べるものではなく、教師本位の、いわば「教
師のための授業」になっていた。おそらく私の教室からは子どもの笑顔は消
えていたのではないかと思う。それをいまの時点から振り返ってみれば、「あ
い」がなかったのだと言い表してみたい。

　子どもの「わからなさ」や「つまずき」を大切にする授業をしたい —— 。
一人のわからなさやつまずきを共有し、みんなで解決できる集団にしていき
たい —— 。教師に対し「先生、ちょっと待って」と言える集団にしたい —— 。
教師それぞれに様々な理想の集団の姿が思い浮かぶだろう。学習集団の授業
づくりに取り組む自分自身にとっての理想は、お互いを認め合い、お互いに
無関心でない集団なのかもしれない。かかわり「あい」の中で優しくたくま
しい集団に育ってほしい。二人の研究者による実践の検討と、竹内先生に仲
介していただいている様々な学びの場から、こうした集団観・授業観が私の
「聞く」ことに重きを置いた指導につながっているように感じている。

　私は教師として、算数で「あい」を育てたいという願いを子どもと共有し
ながら指導にあたっている。「聞き合い」「高め合い」「話し合い」といった様々
な「あい」を、算数の授業のなかで価値づけていきたい。そこには数学的な
見方・考え方も含まれるものと考える。言い過ぎかもしれないが、算数での
「あい」は無限に広がり、子どもたちが持っている多くの可能性を引き出し
てくれると信じている。「あい」のある集団になれば、私の理想の集団像に
近づいていくはずである、というのが私自身の学習集団の授業づくりの仮説
である。

　とはいえ、私自身が学習集団づくりの理論をしっかりと理解しているとは
言い切れない。まだまだ感覚で指導を展開している部分も多くある。そんな
私の実践を今回、分析していただく機会をいただけたこと自体、大変ありが
たいことである。私の指導が具体的な固有名を生きる子どもの姿とともに意
味づけられていく分析・検討は、読みながら大変勉強になると共に、自分の

ことをあらためて客観視し、いわば自分自身を「分析」する契機となった。

　算数の授業づくりを通して学級経営＝学習集団づくりをしていくことを学んでから、授業研究会で「どうしたらあんな子どもたちになるんですか？」と聞かれるようになってきた。この質問がくると、ちょっとほほえんでしまう自分がいる。

　どのように集団を育てていくか、どのような集団を育てていくか──。私にとって永遠の課題のように感じる。だからこそ面白い。そのためにもこれからも、子どもたち同士の「あい」が集団づくりに反映されるような算数科の授業づくりに重点を置いて実践研究に取り組んでいきたい。

　「算数の授業を子どもたちは楽しんでいるのであろうか？算数の授業が形式的な型にはまっていないであろうか？」この二つの問いを機会がある度に他の先生方に発信するとともに、自分自身も常に問い直し続けようと思う。

（松浦　悟史）

5　学びほぐしとしての概念と学び合いとしての概念
──「おわりに」にかえて──

　学習集団づくりの授業研究のフィールドで語られ、論じられるのは、概念である。授業研究では、授業実践の特質を示す概念が語られ、また、つくり出される。たとえば、松浦学級には、子どものつぶやきがたくさんある。松浦先生の授業実践の特質の一つに、つぶやきを「拾う」ところがある。ただし、つぶやきを「拾う」のは、教師ではなく、子どもである。松浦学級では、ある子どものつぶやきが、他の子どもによって言葉が付け加えられたり、言い換えられたりする。意味が共有されにくい子どものつぶやきに参加・承認する関係性が子どもたちにあることで、つぶやきは子どもたちに疑問や意見として共有されていくのである。

　今回の授業研究では、「自治」や「語ることの指導」といった概念が重要であった。

　松浦実践には、授業終盤に行われる「まきもどし」と呼ばれているプロセ

スがある。松浦先生は、「まきもどし」の時間に、授業で子どもたちが示した行為や関係性を価値づける。「黒板を振り返ってください。今日はここらへんで、条件を整理できたのは良かったと思います。あと、ジェスチャーも良かったね。それを分かろうとしたあなたたちもすごかったです。いろんな方式が出てきました。おちや重なりが無いように調べるにはこれが今は有効かもね。」と授業をふりかえり、子どもたちの行為をただほめるのではなく、行為における意味を子どもたちと共有しようとするのである。「まきもどし」は、子どもの授業への参加や学び合いのあり方に、教師が価値づけを行うものである。「まきもどし」は、めあてに対するまとめのように、指導内容のポイントを押さえようとすることではない。松浦先生が、「めあてとまとめ」ではなく、「まきもどし」による指導的評価活動をするのは、思考のプロセスをふりかえることで、算数の学び方を繰り返し子どもたちと共有しようとするからである。

　「まきもどし」で教師が示した価値が子どもたちに選ばれると、子どもたちは、「授業日記」に書いてくる。すると、松浦先生は「授業日記」を子どもたちの前で読み、子どもたちに価値をひろげる機会を得る。子どもたちが選び取らなかった価値は、「授業日記」には記録されない。教師が子どもたちに示した価値をどう考えるかは、子どもたちに委ねられている。そうした指導的評価活動のプロセスが松浦実践にはある。なお、松浦先生は、「まきもどし」による価値づけに、子どもたちを参加させていない。というのも、子どもたちの言葉が育っていない段階では、教師の価値観に子どもたちが丸め込まれる可能性があるからである。松浦先生は、「授業日記」を通して、子どもがどれぐらいのレベルで行為の価値を認識しているのかという点を常に確認している。子どもの価値づけに対する言葉が育った時にはじめて、「まきもどし」における価値づけに子どもたちが参加できるようになるのではないかというのである。

　しかしながら、授業の事後検討会で指摘されたのは、こうした松浦実践のプロセスに対して、「自治」があるかという点であった。教師によってすでに準備されていた教具が授業に出てくるだけで、子どもは学びに必要としなかった点、席の配置が教師のためになっていることに子どもたちが気づいていない点が指摘され、子どもたちから教師に要求が何も出されていないとい

う事実に気づかされたのである。「まきもどし」も、黒板に示された思考プロセスをふりかえることで、算数の学び方を繰り返し子どもたちと共有する点に重きが置かれすぎると、「授業日記」が持つ教師の気づきや発見を促す機能が失われ、「授業日記」そのものが廃れていくという悪循環になるのである。

　あるいは、松浦学級には、「繰り返し＝受け止め発言」と「補充＝想像発言」といった「聴くこと」を中心とした学習規律づくりがある。

　「繰り返し＝受け止め発言」とは、重要な授業内容にかかわる子どもの発言を、他の子どもが繰り返す活動や「今言ったことをもう一度言える人？」と教師が尋ねたり、「今言ったことをとなりの人にお話ししてください」という指示を教師が行ったりするものである。子どもたちが発言を繰り返せるようになったら、「繰り返せるということは、聞けているってことだよ。みんなが聞いてくれると、発表した人は嬉しいよね。」と価値づけを行い、他者の発言に関心を持たせていくのである。前の子どもの発言を子どもたちに繰り返させるのは、ほかの子どもの発言に対して集中する意識を子どもたちに育てるためであり、そうした意識が高い子どもは、前の子どもの発言を短く言い直す「要約」をしたり、自分の言葉で言い直す「言い換え」をしたり、発言内容を別の視点から意味や理由を付け加える「意味づけ」をしたりすることもある。相手の考えを受け止めて、自分の問題として引き受けているのである。

　「補充＝想像発言」とは、子どもの発言を途中で止めて、「この続きを言える人」と教師が尋ねたり、誤答などに対して、「気持ちが言える人」と教師が尋ねることで、「なぜこのような解答になったのか」を子どもたちに考えさせたり、発言の意図や意味を付け加える発言を子どもたちに求める指導である。子どもの発言を補充させるのは、発言内容を推し量りながら聴く他者意識を子どもに育てるためであり、他者意識の高い子どもは、前の子どもの発言を補足できるだけでなく、理由や意味を付け加えたり、例示を付け足したりすることもある。松浦実践では、「聴くこと」を軸に、応答関係の質的発展が構想されている。

　しかしながら、授業の事後検討会で指摘されたのは、こうした松浦先生の実践構造に対して、「語ること」の指導があるかという点であった。子ども

の発言にある意味や価値を教師が聴き取れているのかと問われることで、「語ること」には子どもたちの発言を教師が聴きとったことへの異議申し立ても含まれる点が指摘されたのである。繰り返したり補充したりする発言を決定しているのは教師だけであるという事実にも気づかされた。教師と子どもの関係性という点で、指導のあり方が問われたのである。

　こうした学習集団づくりの授業研究で論じられる概念には、指導技術の良し悪しではなく、子ども観や指導観のとらえ直しを促す機能が含まれている。授業の参観者は、教室の掲示物や授業前の子どもたちとの言動も含めて、教師と子どもたちが取り組んできた学級の歴史づくりに向き合い、さらなる深まりを授業者と展望する。授業実践の全体構造をとらえ、参観者から授業者に向けられるベクトルである。

　学習集団づくりの授業研究には、もう一つのベクトルがある。授業者の実践が提起している概念の変遷をとらえ、参観者から参観者に向けられるベクトルである。学習集団づくりの授業研究は、授業者と参観者で行われる場だけではない。さらに、参観者の学びは多様な場で共有・検討されていくのである。一連の授業研究に参加していた大学院生の永野貴博は、教職大学院の課題研究に取り組むなかで「指導的評価活動」という概念の下位概念に、以下の変遷があることを指摘している。

　一つには、「ほめる」から「価値づける」への変化である。松浦先生は、称賛と価値づけを区別している。称賛は、「しっかりと相手を見て話しを聴いていたね」と子どもの行為を言葉でほめることである。価値づけは、「しっかりと相手を見て話しを聴けているね、そのことが話している人に勇気を与えることになるんだよ」というように、称賛に加えて、その行為を意味づけることである。松浦先生が称賛ではなく価値づけを重視するのは、教師が称賛によって子どもに行為を促すと、子どもたちが教師に褒められるために行動するようになり、相手の立場に立とうとする関係性は育たないからである。こうした点は、ほかの学習集団づくりの実践でも意識されている。たとえば、長谷川清佳は、「今このチームよかったよ。何が良かったかというと、S2さんがKくんにどうしてここに線を引いたの？って聞いたんだよ。これが大事だよね！」と具体的に評価し、「みんなが発表している人に注目しているから話しやすいね。」と「なぜよかったのか」と行為の価値を子どもたち

に理解させようとしている（長谷川・八木2016、64頁）。早田雅子もまた、「〜さんは〜しようとしているね。自分で考えた証拠だね」と行為の中にある価値を広げようとしたりしている（早田・八木2020、118頁）。

　二つには、松浦先生は応答関係を質的に発展させるために子どもたちに「接続詞」を使わせるのではなく、子どもたちが使う「接続詞」を育てていくことで教科内容に迫ることを重視している点である。とりわけ、「だったら」と、問題を発展させ、問題と問題を関連させていくことを常に子どもたちに促している。ほかの学習集団づくりの実践でも、「接続詞」のとらえ直しは意識されている。山口隆も、子どもたちと一問多答の学び合いを進めていくため、「接続詞でかかわり合う」関係の指導を行っている。山口は、「接続詞」を「横に広がる発言：同じで、似ていて」「縦に広がる発言：他にもあって、違って」に加えて、「教科に応じた発言：質問があって、まとめると、例えば、もし〜だったら、前に学習したことと比べて」と３つに分類している（山口・宮原2016、79頁）。福田恒臣も、10のつなぐ言葉をモデルにしながら、話すこと・聞くことの指導を行う中で、算数の授業において、立式の根拠を問う発言や「〜ときは」と数字を置き換えて説明する姿などを評価し、意味を理解する算数の学習を展開している（福田・吉田2018、86-101頁参照）。「接続詞」によってかかわり合う姿を重視するのではなく、「接続詞」そのものに教科の見方・考え方へ迫る機能がある点が重視されているのである。

　学習集団づくりの授業研究で語られる概念は、教育実践の事実が「見えてくる」装置であり、教育実践を「つくり出す」仕掛けである。学習集団づくりの授業研究は、概念を通して教育実践を解釈するさい、誰に向き合って語っているかという点で、二つのベクトルがあり、語られる概念も異なってくるのではないだろうか。教師のアートの内実がこれまで検討されてきた概念の意味内容をどのように書き換えているかを明らかにすることで、授業実践が見据えている子ども理解を共有するとともに、授業者の授業観や子ども観を学びほぐす機能を持った概念を授業のプロセスや全体構造に位置付けることで、授業者とともにさらなる授業実践の展望をひらこうとするのである。

（竹内　元）

註

1）学習集団の授業研究（学習集団づくりによる授業）を継承・発展させる指針として深澤広明は、七つの教授指針（「（1）教育理念としての『全員参加』（2）『応答的関係』としての授業の成立（3）『学術研究』をふまえた教材研究（4）『誤答（つまずき）』研究としての発問づくり（5）『接続詞』でかかわり合う集団思考（6）『できない・わからない』自分と向かい合う学習規律（7）『達成と共有への願い』」としての指導的評価活動」）を学習集団づくりによる授業を構想する「教育の方針」として問題提起し、理論的・実践的検討のなかで検証し、その内実を豊かにしていくことを学習集団研究の課題として提起している（深澤2018、5-6頁）。

2）「他者との共同を通してその質を深めることができ、逆に、他者との共同は参加を介して実質化されるという相互関係にあ」り「共同を内に含めた子どもの参加を重視した授業をどうつくるか」が今日の授業づくりの課題だとする指摘である（久田2010、139頁）。

3）吉本均は、「授業を学習集団としてとらえることの意味は、『底辺の子ども』に着目して授業を展開する」ということであり、「授業を集団として改造するということの思想は、いわゆる『底辺の子ども』に注目し、その子どもの思考発達を起点として授業改造を意図する、ということを意味している」とし、「そこに学習集団の民主的ヒューマニズムが存在している」と述べている（吉本1974、181頁）。この吉本の学習集団論について久田は、授業の成立を「底辺」から問いながら、すべての子どもの個性的な発達を最大限促進するという、マイノリティの子どもへのやさしいまなざしをひそませた教授行為の提起であると評している（久田2006、217頁）。

4）深澤は、互いの学びが見えないことによって、他者に対して関心が薄れたり、なくなったりすることは、相手の存在そのものを無視するようになること、すなわち人間として、「他者（相手）の存在」そのものを認めない「ネグレクト」（無視）になっていくことについて警鐘を鳴らす（深澤2007、39頁参照）。わからなさを抱え、もがいているAさんの学びの状況を知らないまま過ごすことを積み重ねてしまったならば、他者の困り感へ思いを寄せることから遠のかせることになり、やがてAさんそのものの存在を気にしない、関わりをもとうとしない関係性を構築させてしまう危険性を孕んでいるといえよう。このことに関わって竹内元は、全員参加の授業づくりは、「他者の発言に対する無関心さに対して取り組まなくてはならない」（竹内2016、120頁）ことを指摘している。

5）授業において聞き手が能動的な聞き手として主体となることについて庄井良信は、授業で手を挙げることもままならいA子と、授業には参加するが仲間には関わりにくい、しかも他者に共感したりすることに最大の弱点をもつB男が、「授業」という共通の舞台において、学びあい体験を積み重ねることによって互いが相手への認識を変革するだけでなく、特にB男においてはA子のニーズ、呼びかけを受容的に聴き、それへの応答を通して自分自身への認識をも変革することになったエピソードを取り上げている（庄井1995、71-76頁）。

6）授業の前半に教師から提示された学習問題1は、「3種類のアイスがあります。2段

アイスをつくります。2段アイスは何通りできますか」というものである。最初の学習問題1が黒板に書かれたのち、子どもたちからは「2段アイスってなんですか？」「サーティワンみたいなやつ！」といったアイスに関する反応や、「何通りできるのかな？」「先生、ノートに絵をかくんですか？」といった問題に関する反応が生まれた。子どもたちから生まれてくるさまざまな初発の反応に対し、教師は「えっと、何か聞きたいことある？」と学習問題に関して、問題を解くために必要な情報を聞くように促す。子どもたちからは、「同じアイスを2段のせてもいいですか？」「2段アイスの上下を入れ替えてもいいですか？」といった解法のための条件が質問されたり、アイスの味を子どもたちが決定したりしていく。アイスの味が3つ決まった後は、子どもたちは2段アイスを想定し組み合わせが何通りできるかを考えていく。子どもたちの考えた方法で「おちや重なりなく」組み合わせを出す方法が、3つ板書に取り上げられる。教師は3つの方法に考えた子どもの名前を借りながら「〇〇方式」と取り上げる。板書には現れないが、ある子どもは組み合わせをジェスチャーで表現しようと試み、教師もそれを一つの考え方の方法として取り上げていた。

学習問題1で「おちや重なりなく」組み合わせを考えられるか、さまざまな方法が子どもたちから生まれ、それらの方法をふまえて学習問題2が提示された。学習問題2はアイスが3種類から4種類になった。子どもたちからは、まずアイスの味を決めようとさまざまなアイスの味が口頭でつぶやかれていく。子どもたちからは、3種類のときとは異なるアイスの味や、小学校の近くにあるアイスクリーム屋のアイスの味がつぶやかれていく。子どもたちが自らの生活経験からくるアイスの味を算数の学習問題に盛り込みながら、生活と学習問題を融合させようとしていく光景を見ることができた。

7) 数字と四則演算（＋－×÷）を使用して10にする「Make 10」とよばれ計算あそびの一種の問題である。

8) 今回筆者らも参加した「Children First」という教師サークルは、大学生、院生、新任教員、中堅教員と立ちあげ人の宮崎大学・竹内元らが主に運営・進行している自主的な教師サークルである。サークルでは、サークルに所属する教員の授業の検討などが月に1回程度行われる。

12月のサークルにおいては、サークル内で授業ビデオの検討が行われた。参加している教員の中では、自分の今行っている実践とサークルであがってくる検討対象の授業ビデオとの比較が内省的に行われていたり、授業の中でなぜゆとりをもって子どもたちと関われるのかに着目した教師の指導性や授業づくりに関わる質問、あるいは、低位層の子どもたちの授業への参加をどう促すか、学習集団として授業をみるとどんな特徴があるか、などが論点となっていった。例えば、「たくさんでてくる方法や子どものつぶやきを先生がどのように授業の中で再構成しているのか」「誤答を恐れない子どもを育てるために何をしてきたか」「低位層の子どもにはどのように働きかけているのか」「低位層の子どもへのノート指導をどう考えているのか」といった質問がサークル内の教員から授業提供者へ投げかけられた。このことは同時に、サークル内の教員も同じような疑問を感じながら、日々の授業を行っており、授業者の授業ビデオ検討を媒介としながら、サークル内で日々の授業への問いを共有している。

＜引用参考文献＞

・石井英真「授業研究を問い直す－教授学的関心の再評価－」日本教育方法学会編『教育方法43　授業研究と校内研修　教師の成長と学校づくりのために』図書文化、2014年、36-48頁。

・石井英真「教育方法学『教育の学習化』を問い直し教育的価値の探究へ」下司晶・丸山英樹・青木栄一・濱中淳子・仁平典宏・石井英真・岩下誠編『教育学年報11　教育研究の新章（ニュー・チャプター）』世織書房、2019年、109-140頁。

・宇田川元一『他者と働く－「わかりあえなさ」から始める組織論』ニューズピックス、2019年。

・大西忠治『授業つくり上達法　だれも語らなかった基礎技術』民衆社、1987年。

・岸田美羽・新井英靖「第3章『底辺の子ども』の理解と学習集団の形成」「第4章集団のなかで共同的に学ぶ授業づくりの原理と方法」新井英靖編著『特別支援教育のアクティブ・ラーニングとカリキュラム開発に関する実践研究』福村出版、2022年、99-145頁。

・子安潤『画一化する授業からの自律－スタンダード化・ICT化を超えて』学文社、2021年。

・柴田義松『柴田義松教育著作集5　授業の基礎理論』学文社、2010年。

・庄井良信『学びのファンタジア「臨床教育学」のあたらしい地平へ』渓水社、1995年。

・杉山緑「教室は『本気でまちがう』場所」吉本均編著『新・教授学のすすめ1　「まなざし」で身に語りかける』明治図書、1989年、44-55頁。

・早田雅子・八木秀文「『かかわり』ながら、全員で学びを楽しむ学級づくり」深澤広明・吉田成章編『学習集団研究の現在Vol.3　学習集団づくりが育てる「学びに向かう力」－授業づくりと学級づくりの一体的改革－』渓水社、2020年、118-135頁。

・竹内元「子どものニーズをふまえた全員参加の授業づくり－『全員参加』の再定義－」深澤広明・吉田成章編『学習集団研究の現在Vol.1　いま求められる授業づくりの転換』渓水社、2016年、110-123頁。

・戸塚茂則「板書と学習ノート」吉本均著『授業をつくる教授学キーワード』明治図書、1986年、192-195頁。

・中野和光「第1章　コンピテンシーによる教育スタンダード化の中の学習集団研究の課題」深澤広明・吉田成章責任編集『学習集団研究の現在Vol.1　いま求められる授業づくりの転換』渓水社、2016年、8-18頁。

・長谷川清佳・八木秀文「子どもたちが出会い直すための指導的評価活動」深澤広明・吉田成章責任編集『学習集団研究の現在Vol.1　いま求められる授業づくりの転換』渓水社、2016年、54-75頁。

・久田敏彦「学級で教えることのドラマと技術」久田敏彦・深澤広明編・解説『学級の教育力を生かす吉本均著作選集3　学習集団の指導技術』明治図書、2006年、210-219頁。

・久田敏彦「第6章　子どもの参加と授業づくり－学習集団論を手がかりにして－」岩垣攝・子安潤・久田敏彦『教室で教えるということ』八千代出版、2010年、133-168頁。

・深澤広明「習熟度で『分化』した授業を学級で『交流』する場面の必要」『現代教育科学』明治図書、2007年7月号、2007年、37-39頁。

・深澤広明「教育の方針（羅針盤）」としての学習集団づくり－序にかえて－」深澤広明・

　吉田成章編『学習集団研究の現在Vol.2　学習集団づくりが描く「学びの地図」』渓水社、2018年、1-8頁。

・福田恒臣・吉田成章「個と集団にドラマを引き起こす教育的タクト」深澤広明・吉田成章編『学習集団研究の現在Vol.2　学習集団づくりが描く「学びの地図」』渓水社、2018年、86-101頁。

・宮原順寛「第5章　子どもと出会い直すケア」湯浅恭正・福田敦志編著『子どもとつくる教育方法の展開』ミネルヴァ書房、2022年、69-84頁。

・八木秀文「第8章　視聴覚教材の活用と板書の技術」深澤広明編『教師教育講座　第9巻　教育方法技術論』協同出版、2014年、123-136頁。

・山口隆・宮原順寛「子どもたちと達成感を共有する班づくり」深澤広明・吉田成章責任編集『学習集団研究の現在Vol.1　いま求められる授業づくりの転換』渓水社、2016年、76-92頁。

・吉本均『授業と集団の理論』明治図書、1966年。

・吉本均『訓育的教授の理論』明治図書、1974年。

第3部

学習集団研究の最前線

第1章

批判理論と学習集団

1　批判理論と学習集団研究の接点

1）批判理論という視角

　「批判理論（kritische Theorie/ Critical Theory）」とは、特定の理論体系を指すのではなく、社会における矛盾や抑圧を暴露し、変革に向けた社会批判に取り組む思想と実践を指している。20世紀を代表する思想的な潮流である批判理論は、これまで教育（学）にも大きな影響を与えてきた。批判理論に影響を受けた教育学は「批判的教育学」と総称され、主にドイツとアメリカにおいて、それぞれ異なる発展を遂げてきている[1]。ドイツにおいては、「フランクフルト学派」の批判理論を基礎としながら、教育や学校の持つ抑圧や差別の構造の解明、「解放」を目標とする学校制度や教育課程の開発、主体─主体関係に基づく教師の指導性の問い直しなどが取り組まれてきた。

　批判理論と教育の関係を考えるとき、もちろん批判的教育学が取り組んできたように、教育を変革し、導く指針を批判理論から掬い出すことも可能であるだろう。一方で、徹底的な批判に根ざすことが、批判理論の特徴でもある。

　フランクフルト学派の代表者の一人であるアドルノ（Adorno, Th.）は、「何故に人類は、真に人間的な状態に踏み入っていく代りに、一種の新たな野蛮状態へ落ち込んでいくのか」[2]を問うた。近代においては、野蛮な暴力によって支配された世界から、人間に解放をもたらすことが期待されていた。それにもかかわらず、20世紀の前半にはファシズムが隆盛し、より苛烈な暴力が行われるようになっていた。アドルノは、理性やそれに裏打ちされた啓蒙が人間を解放するのではなく、同一化という暴力を宿していると考えた。つまり、ドイツという国家をドイツ民族へと同一化していくという理性的な判断

こそが、そこからはみ出るユダヤ人の虐殺へとつながったと考えたのである。人間の理性が暴力をもたらすという事態に直面し、アドルノが導き出したのが、否定にとどまり続けるという方法であった。つまり哲学や思想は次のあるべき姿を描くのではない。理性による同一化に抗するための批判に取り組み続けようとするのが、アドルノの批判理論である[3]。

　教育とは理性的な活動であり、アドルノが最も警戒した啓蒙的な営みである。批判や否定にとどまり続けようとするアドルノの批判哲学からは、批判的教育学が行ってきたような教育を導く肯定的な帰結を得ることは難しい。しかしながら、アドルノは教育という営み自体を否定していたのではない。むしろアドルノは、教育に「回避」という役割を託していた。すなわち、理性的な暴力を回避するという積極的な役割を教育に期待したのである[4]。

　アドルノの立場を踏まえると、批判理論から学習集団研究を捉えようとするとき、重要となってくるのは、学習集団研究が何を目指して、どのような授業づくりに取り組んできたかという教育の理想や目的ではなく、学習集団研究が何を批判してきたかという否定的な志向性である。

2）学習集団研究は何を批判してきたか

　学習集団研究は、1950-60年代当時、部落差別が色濃く残る地域において、苛烈な社会的背景を抱え、教室の中で発言することができなかった子どもたち、またはそのような差別や競争がはびこる教室の中で、どのように子どもたちの学習権を保障することができるのかを問うてきた[5]。また1980年代には、競争社会の中で偏差値主義の教育が蔓延し、子どもの荒れや不登校といった問題が生じていた際も、子どもたちの居場所を保障する教育実践を創造しようとしてきた[6]。学習集団研究は、子どもたちが抱える社会的な背景を問題として、その背景ゆえに教育に表れる歪みと対峙してきたのである。

　一方で、学習集団研究は、学習集団の理論と実践それ自体を批判の対象としてきている。子どもたちの現実と対面する学習集団研究は、その現実に応じて、先行する学習集団の理論を更新してきている[7]。また実践的に見ても、発言形式を常に変化させていくことや教師の教材解釈を子どもたちが乗り越えていくことが求められてきた。そもそも教育方法の提案は、その形式主義化から逃れることはできない。それゆえ学習集団研究が提示する教授学的な

指針自体の批判的な変革が、学習集団の課題として位置づけられてきたのである。

　上述の一点目、つまり学習集団研究が教育を介した社会変革の実践に取り組んできたという点に、学習集団研究と批判理論との接点を見いだすことができる。訓育的教授を探究する学習集団による授業づくりにおいては、直接的に社会問題に抗するという意味ではないにしても、「抵抗主体」の形成が目指されてきた[8]。抵抗とは、まさにアドルノが回避のための教育に取り組むための拠点の一つに位置づけた概念であり、社会批判的な含意を持つ概念である[9]。

　近年、個人の特徴やニーズに応じた個別最適な学びとともに、「協働学習」や「対話的な学び」など、集団を前提とした協同性をもった学びが注目を集めている。ここで求められている集団的な学びとは、他者の多様な意見に触れること、その多様な意見から課題の解決にアプローチすること、またはそのような学びのプロセスを通して持続可能な社会の創り手になるために必要な資質・能力を育成することなどである[10]。ここには前提となっている集団やそれを取り巻く社会を問い直すという、社会批判的な観点は置かれていない。それゆえ、学校や学級を取り巻く社会を捉え直し、その批判的な変革を志向する点に、学習集団研究の独自性を見出すことができる。この意味で学習集団は批判理論の一つの実践のかたちとみることが可能であり、それゆえ、「批判理論としての学習集団」という見方が成立する。

2　批判理論としての学習集団 ── 承認論から見た学習集団研究 ──

1）批判理論のカテゴリーとしての承認

　学習集団における批判理論的な起点、つまり社会批判のあり方をいかに捉え直すことができるか。この手がかりとなるのが、アドルノと同じくフランクフルト学派に位置づけられるホネット（Honneth, A.）による承認論である。承認（Anerkennung）という概念は、教育実践の中で、または学習集団研究の中でも、良さの承認や多様性の承認というかたちで用いられてきている[11]。ただしホネットによると、承認は良さや多様性といった価値を認めるという役割だけではなく、人間存在の根幹をなすものであるという。ホネッ

トは次のような例を挙げる。

> おそらくもっともよく知られている事実に、貴族には、召使いの前で脱
> 衣することが許されていたということがある。というのも、召使いは、
> ある意味で、そこに居合わせないものと見なされていたからだ。[12]

　かつての貴族社会では、召使いの前の脱衣が当然に行われていた。このこ
とについてホネットは、貴族が召使いの存在を認識していたとしても、それ
を人間として承認していなかったからだと解釈する。ここからホネットは、
「承認が認識に先立つ」というテーゼとともに、人間が主体として存する基
礎には、他者に認められているという承認があると主張する。
　ホネットは、人間存在に関わる承認の形態を三つに区分して捉えてい
る[13]。第一の承認は、親や恋人の関係の中で、個人的な愛情や配慮によって
ニーズや要求を持つ人格として承認されることである。第二の承認は、平等
な関係の中で他の成員と同一の責任能力を持ち、自律的な法的人格として承
認されることである。第三の承認は、相互に評価される関係において個人の
業績が適切に考慮されることで、社会にとって価値ある能力や才能を持った
主体として承認されることである。これら承認の三つの形態を、ホネットは、
人間主体が自己形成していくための社会的な条件として位置づけた。
　さらにホネットは、これらの承認の起点を、個人が不当な扱いを受けた、
あるいは侮辱されたといった否定的な経験に見いだしている[14]。ホネットは、
承認は人間にとって得られて当然の感覚であるからこそ、その承認が棄損さ
れたと感じたとき、承認を得ようと、その棄損要因を変革しようとする、と
考えたのである。その際、承認とは確かに個人的な感情や感覚であるが、そ
の棄損は、社会構造によってもたらされる。貴族から召使いへの承認を妨げ
ているのは、その個人の意識ではなく、召使いを人間と見なさない社会的な
背景である。つまり承認の毀損は、社会的なものと関連している。個人は、
否定的な体験を起点に、承認を棄損する社会への批判的な変革に向かってい
く。このようにしてホネットは、承認に社会批判の理論としての姿を見いだ
したのである[15]。

2）学習集団研究における承認の役割

　ホネット承認論に従うのであれば、教育実践に内在する承認の棄損に目を向けなければならない[16]。愛であれば、教師が子どものニーズや要求を妨げていないかということから、子ども同士の関係や子どもを取り巻く家族、地域社会、さらにはインターネットなどが子ども自身の愛の感覚を妨げていないかにまで、目を向けなければならない。法の関係であれば、個々人が道徳的な責任能力を持つ主体として尊重される状況にあるかを問いながら、教室や学校の決まりごとが子どもを抑圧していないかに注意を払わなければならない。連帯であれば、教育活動として行われる評価が、子どもたちの自尊心や能力を削いでいたり、子どもたちの持つ可能性を無視するものとなっていないかを問う必要がある。学習集団研究は、子どもたちの良さや可能性の承認をいかに作り上げることができるのかを追求してきたが、ホネット承認論から見ると、子どもたちの承認がどのように棄損されているのか、どの水準で問題となっているのかという否定性への考察が重要となる。

　ただし、このようにして承認の棄損を見出したとして、それに対する批判的な変革が承認を得るという方向に向かうとは限らない。むしろ自身の否定的な経験は、他者を差別する方向に向かうかもしれない[17]。また、社会に対しての個人による不正の告発は非常に脆いものであるだろう。それゆえ、個人の訴えに共感し、その訴えをより大きなものとしていくための他者の存在が必要となってくる[18]。

　学習集団研究は、このような承認論が提起する問題を取り扱ってきた。抵抗主体の形成は、まさにこの意味で位置付けることができる。つまり、「わからない」という要求を出すストップ発言、問答や応答を組織する接続詞での関わり合いなどは、抵抗主体として、「学習する権利」を主張する子どもたちの姿を具体化したものである。学習集団論は、「みんなでわかり合う」という「本もの」の学力の形成を目指して、子どもたちの中で発せられる小さな声を拾い上げることを積み重ねてきた。承認論から学習集団研究を見たときの学習集団研究の可能性は、まさに、子どもたちから発せられる承認の棄損の訴えをくみ取り、教室や学校というシステム、もしくは集団それ自体の変革につなげていくことにある。一方で学習集団研究を、教室や学校という社会システムに閉じることなく、より広い「社会的なもの」にどのように

開いていくことができるのかという課題がある。それは、教室の中での子ど
もたちの承認の棄損がどのような背景のもとで生じているのかというように
教室や学校の中に社会的な問題を見出すことであり、また、みんなでわかり
合うという理念がどのような社会をつくっていくのかというように教室を社
会に開いていくことである。承認は、学習集団研究に社会的なものを呼び込
むための観点となるだろう。

（松田　充）

3　学習集団の批判理論 —— フレイレから見た学習集団研究 ——

　先述のように学習集団研究は、学習集団の理論と実践それ自体を批判して
きたという側面もある。これは、いわば「学習集団の批判理論」[19]として見
ることができる。続いて、学習集団研究の教授学的な指針が、どのような問
題を抱えているのか、またその課題をいかに乗り越えていくことができるの
かという「学習集団の批判理論」について検討する。

1）「文化侵略」としての教育批判

　ドイツにおける批判理論の展開がある一方で、アメリカでは批判的教育学
（Critical Pedagogy）が展開している。それは、教育が「現代社会における搾
取と支配の諸関係を支える多元的な力学」の装置の一つであることを認めた
うえで、「現実世界をつねに社会の底辺を生きる人々の立ち位置から眺め、
彼らが置かれた抑圧的な諸条件を再生産するイデオロギー的・制度過程や形
態に抵抗」する教育実践のあり方を探るものである[20]。

　批判的教育学の発展に貢献した人物に、ブラジルの教育者フレイレ（Freire,
P.）がいる。彼は1960年代のブラジルおよびチリで、文字の読み書きができ
ないゆえに選挙権を持てず、搾取と暴力の日常を生きる人々に、「解放」
（libertação）の教育思想にもとづく識字教育を行ったことで知られる。解放は、
「自由を表すliberdade と行動を表すaçãoの合成語」[21]で、人間として自由に
生きることを求めて、抑圧的な現実の変革に向けて行動を起こすことを意味

する。後述のように、フレイレの識字教育では、学習者が自身の生活状況を批判的に認識していきながら識字学習を行う。それは、識字能力の獲得による社会参加を保障するだけではなく、「被抑圧者の自己解放への闘い」[22]として、抑圧的な生活や社会を変革する力を育て、世界に生きる主体としての自己を取り戻していくことを目指したものだった。

　その実践の背後には、教育が社会の政治的・経済的・文化的イデオロギーと密接に結びついており、学習者に社会や教育者の文化・価値を刷り込む「文化侵略」（invasão cultural）となっていることへの批判がある。文化侵略とは「相手集団の文化的脈絡に侵入し、その潜在可能性を無視して自分の世界観を侵略される側の人びとに押しつけ、かれらの表現を押さえつけることによってその創造力を抑制する」[23]行為である。その典型は、フレイレが「銀行型教育」と名づけた知識の貯蓄を目的とする教育であり、学習者の生活や経験との関係が絶たれた教育内容、教師が一方的に伝達する「反対話」、学習者を無知な存在と見る「無知の疎外」といった特徴が指摘されている[24]。

　フレイレが問題視するのは、そのような教育の過程で、被抑圧者が抑圧者の文化や価値観を内面化していくことである[25]。教育が抑圧者の文化や価値観に「同化」する状態をつくり出し、被抑圧者から状況の変革に立ち上がる力を奪う。また、引き裂かれた自我状態をつくり出し、被抑圧者を苦しめる。フレイレが参照するファノン（Fanon, F.）は、植民地支配の手段に文化的同化政策を挙げている。「優れた」宗主国の文化のもとで、「劣った」現地民は、その文化への同化の程度をめぐって序列付けられ、階層化されていく[26]。フレイレの問題意識は反植民地主義の思想に依拠しており、教育における植民地主義に向けられている。

2）学習集団に内在する「同化」への危険性

　学習集団の授業が「文化侵略」になっていると批判するつもりはない。だが、授業には教科内容という「教えねばならないもの」が存在し、教師と子どものあいだには知識や経験の量的・質的な落差が存在する。教師の教授行為は否応なく権威性を帯びる。そうである以上、訓育的教授による学習主体の形成を目指す学習集団の授業にも、子どもたちが教師や学校の枠組みに「同化」していく危険性が常に内在している。

これまでの学習集団研究でも、次のような課題が指摘されている[27]。

第一に、「同一性への収斂」という課題である。学習集団の授業は、「底辺」の子どもの参加と学びを保障する筋道を提起してきたが、差異は統一されるものとして考えられている。また授業の展開も、教師の予定した世界に収斂していくように考えられている。子どもに問うことを教え、また他者と問いをつなぎながら、「共同探求することを教える」ことで、子どもの学びを囲い込まない「開かれた教え」を追求していく必要が提起されている。

第二に、差異にもとづく「対話」のある授業をつくるという課題である。これまでの発問と集団思考は、対立・分化があっても、その先に教師が想定する展開が用意されていた。そうすると、思考過程で出される差異が、統一に向かう過程で消失してしまうことが懸念される。対象をめぐってそれぞれの子どもが意見表明をし、その意見表明を受け止め合い、子どもたちなりの合意点を形成していくような授業展開が求められている。

第三に、科学や文化（真理・真実）を子どもたちの視点から問い直したり、追体験したりする授業をつくるという課題である。教科内容の習得を保障することは言うまでもないが、それを絶対的なものとして無批判に受け入れるような学習は危険である。対話による共同探求を実現するためには、教科内容を未完のもの、更新可能なもの、解釈の幅があるもの、と見なしたうえでの教材研究や発問づくりが必要になる。

これらの指摘は、学習主体を育てることを目指しながらも、結局子どもを囲い込むことになっているのではないかという問題提起である。また根本的には、科学や文化に対する普遍主義に立ち、特定の知識・文化・価値を「普及」する学校教育の構造に対する批判でもある。

普遍主義的な知識観が抱える問題の一つは、教科内容の体系が子どもと現実世界との関係から脱文脈化された「虚構」となることである。脱文脈化された学びは、「現実に特定の空間的・時間的位置を占める個別的な『ほかならぬ私』がその特殊・個別的な立場から世界を認識し、世界にはたらきかけるとはどういうことかという問題への関心を鈍磨させてしまう」[28]。すなわち、学びの過程における自己疎外の問題である。

もう一つの問題は、普遍主義的な知識観が、政治的・経済的・文化的イデオロギーに対する同化、序列化、階層化を招くことである。学校教育で扱わ

れる知識は、社会において優位に立つ社会的・文化的集団の影響から選択されており、その他の集団の歴史や文化は考慮されていない[29]。権力によって公式化された知識には、子どもによってアクセスの有利／不利があるにもかかわらず、テストや評定で序列化され、学力という指標で階層化される。この過程で、子どもには公式化された知識に内在する支配者あるいは社会的多数者の文化や価値が内面化されていき、自己が生きてきた／生きている文化は排斥されていく。すなわち、学びをとおした自己疎外の問題である。

　子どもを学習主体に育てるためには、学びの過程における自己疎外ならびに学びをとおした自己疎外の問題に取り組む必要がある。そのためには、普遍主義的な知識観から脱却し、子どもの視点や言葉から教科内容を再解釈していくこと、探求に向かう問いを立てていくことが必要ではないか。普遍主義的な知識観からの脱却が、学習集団の指導技術を継承しつつ、差異にもとづく「対話」と子どもたちの「共同探求」への道を拓くのではないか。

3）学びの「生成」と自己回復に向けて

　そのような学びをつくる手がかりを、フレイレの「生成」（gerador）という鍵概念から考えてみたい。生成概念は、フレイレの識字教育の方法論の核心であり、「生成語」「生成テーマ」「生成的問い」というように、形容詞的に用いられる。そこには、経験や感情にもとづく学習者なりの意見を生み出す、学習者の現実への課題意識を生み出す、識字学習において連想的に言葉を生み出すといった意味が込められている[30]。生成概念が核となるのは、被抑圧者に内面化された支配を克服するために、学習者が自身の表現を取り戻し、自身の言葉で「世界」を再定義することが必要だからである。

　では、識字学習の過程を「生成」でつらぬくために、どのような工夫がなされたのか。

　第一に、学習者の生活世界の理解である。教育者は学習者が住む地域に出かけ、地域の人々と対話を行い、生活状況の客観的事実と人々の語彙や言葉遣いに表れる主観世界とを分析する。学習活動の対象となる生成語は、この調査にもとづいて選ばれる[31]。これは教育者が学習者の生活に内在する矛盾や抑圧を構造的に分析する作業であり、同時に、学習者の関心や問題意識を呼び起こしていく回路をつくる作業である。

　第二に、教材の工夫である。生成語は、そのまま学習対象にされるのではなく、「コード表示」と呼ばれる教材に加工される。その形式は、主には写真や絵、しばしば音声など、学習者の感覚を刺激するもので、学習者の身近な生活現実が取り上げられ、矛盾や抑圧を想起させる内容が散りばめられた。コード表示には「表層構造」と「深層構造」を持たせ、身近な生活場面の認識（表層構造）から読み解きを行い、矛盾や抑圧の構造的認識（深層構造）へと発展していく工夫、それを感覚的にとらえられる工夫がなされている。コード表示＝教材の条件として重要なのは、学習者集団に共通の認識対象を与えること。加えて、学習者の解釈や意見や問いの差異を呼び込み、関連するより広い問いへと導いていく「開放性」である[32]。

　第三に、学習者が生み出す言葉にもとづく学習展開の工夫である。コード表示の読解は、そこに描かれた状況にまつわる経験や感情を触発することを狙う「生成的問い」から始まる。学習者から出された意見は、他の学習者を触発し、「対話」が生まれる。その後に行われる識字学習では、「生成語」（例：sapato 靴）を構成する音と行（sa行pa行ta行）を示し、学習者がその音を使って言葉を生み出しながら学習を進めていく。この過程で、学習者は自分が生きる「世界」と同じ世界を生きる「他者」と出会う[33]。

　第四に、学習者の批判的認識を徐々に広げ深めていくプログラムの構成である。フレイレの識字教育を特徴づける概念に「意識化」（conscientização）がある。これは「認識主体としての人間が、みずからの生活のあり方を定めている社会文化的現実と、その現実を変革するみずからの能力とを深く自覚する過程」[34]を意味している。学習者が自身の言葉で「世界」を再定義していくこと、また学習者が自身に内面化された支配を克服していくことは、一度の学習では不可能である。そこで、フレイレの識字教育では、生成語とそこで議論される課題が、身近な現象から徐々に広がっていく構想でプログラムが構成されている。また各学習では、問題化された状況に対して各自で何ができるかも話し合われる。プログラムを通して、生活や社会に対する批判的認識と変革行動とを往還しながら、世界を探求していく学習、世界を変革していく学習が行われる。

　フレイレの識字教育では、学習者の理解と教材の工夫が、知識を学習者の視点で文脈化していく方策となり、知識の普遍主義を乗り越える方策になっ

ている。学習者の言葉にこだわることは差異を保持する方策となり、学習者それぞれの視点と言葉を重ね合わせることが探求の方策になっている。学習者の批判的認識と変革行動とが往還的に深まっていくプログラム構成も探求の方策になっている。これらの方策により、学習者は学習過程における自己疎外を乗り越えて自己の文脈に引き付けた学びを生成する。また、その学びが抑圧の内面化と自己疎外を乗り越えて、世界を主体的に生きる自己を回復していくのである。

　このフレイレの見地から、今後の学習集団研究の課題を提案してみたい。

　まず、いま取り組まねばならないのは、子どもの学びの過程における自己疎外ならびに学びをとおした自己疎外の問題である。今日における訓育的教授の課題として、子どもの自己回復を考える必要がある。

　授業づくりにおいては、子どもが生活や経験との関連を感じ、自分の問いや意見を表現したくなるような教材と発問の開発が求められる。「生成」の発想から、教材研究と発問づくりの手続きに、子どもの切実な生活や生きづらさを生み出す社会との関連を位置づける必要がある。

　集団づくりにおいては、子どもの声を聴き取り応答する対話と、それを世界や他者との出会い・出会い直しにつなげる活動の組織が求められる。「意識化」の発想から、授業ならびに学級生活でなされる世界・他者・自己に関する認識の深まりを、応答し合う関係の発展の契機にしていく必要がある。

　以上、本稿では批判理論の視角から、学習集団研究の課題について検討してきた。今日の教室には、居場所を感じられない子どもや学ぶ意欲を失っている子どもが多くいる。そこには承認の棄損や学びにおける自己疎外が起きており、その背後には社会の構造的問題がある。このような状況に対して、社会批判的な志向を持ち、学習主体形成の筋道と集団で学ぶことの意味を問うてきた学習集団研究の継承と一層の発展が求められている。

（佐藤　雄一郎）

註
1 ）ドイツとアメリカにおける批判的教育学は、社会的な抑圧からの解放など問題意識において重なり合う部分はありつつも、その成立や発展の経緯からして直接的な影響関

係にはない。また大きく見ればグラムシ（Gramsci, A.）の権力批判、フーコー（Foucault, M.）の社会批判を参照する教育研究も存在するが、それらは「批判的教育学」というまとまりを持つには至っていない（Kincheloe, J. L./ McLaren, P./ Steinberg, S. R./ Monzó, L.: Critical pedagogy and qualitative research: Advancing the bricolage. In Denzin, N. K./ Lincoln, Y. S.（Ed.）: *The SAGE Handbook of Qualitative Research*. Thousand Oaks, CA: Sage, ⁵2017, pp. 235.）。

2）マックス・ホルクハイマー、テオドール・アドルノ著、徳永恂訳『啓蒙の弁証法 —— 哲学的断層 ——』岩波書店、2007年、7頁。

3）アドルノの哲学思考については、次の文献を参照のこと。細見和之『アドルノ —— 非同一性の哲学 ——』講談社、1996年。

4）白銀夏樹『アドルノの教育思想 ——「アウシュビッツ以後」の啓蒙 ——』関西学院大学出版会、2019年。ただし否定に留まり続けるアドルノは、回避のための具体的方法は提案していない。

5）吉本均、森小学校『集団思考の態度づくり』明治図書、1966年。

6）吉本均『授業観の変革 —— まなざしと語りと問いかけを ——』明治図書、1992年。

7）本書に先行する「学習集団研究の現在」のシリーズ本が、その具体である。

8）吉本均『訓育的教授の理論』明治図書、1974年、21-25頁。

9）「自律の唯一の現実的な具体化は、自立への志をもつわずかばかりの人々が全力を傾けて、教育が異議申し立てへの、抵抗への教育となるよう働きかけることにあります」（テオドール・アドルノ著、原千史、原千史、小田智敏、柿木伸之訳『自律への教育』中央公論新社、2011年、204頁）。なお邦訳は適宜修正をしている。

10）中央教育審議会「『令和の日本型学校教育』の構築を目指して —— 全ての子供たちの可能性を引き出す、個別最適な学びと、協働的な学びの実現 ——（答申）」2021年。

11）早田雅子、八木秀文「『かかわり』ながら、全員で学びを楽しむ学級づくり」深澤広明・吉田成章編『学習集団研究の現在Vol.3 学習集団づくりが育てる「学びに向かう力」—— 授業づくりと学級づくりの一体的改革 ——』渓水社、2020年、131-135頁。

12）アクセル・ホネット著、宮本真也、日暮雅夫、水上英徳訳『見えないこと —— 相互主体性理論の諸段階について ——』法政大学出版局、2015年、9頁。訳文は適宜修正している。

13）アクセル・ホネット著、山本啓、直江清隆訳『承認をめぐる闘争 —— 社会的コンフリクトの道徳的文法［増補版］——』法政大学出版局、2014年、124-176頁。

14）同上書、213頁。

15）藤野は、承認が否定的な状況を起点としながら、社会変革までつながっていく点に、承認論が批判理論たる所以があることを指摘している。（藤野寛『「承認」の哲学 —— 他者に認められるとはどういうことか ——』青土社、2016年、30-36頁）。

16）神代は、ホネット承認論を手がかりに、教育（実践）における承認の棄損のあり方についてすでに言及している（神代健彦「教育学の承認論的転回？ —— あるいは、アナクロニズムの甘受について ——」田中拓道編『承認 —— 社会哲学と社会政策の対話 ——』法政大学出版局、2016年、223-224頁）。

17) ホネットも、承認の毀損からの反発が必ずしても正当な方向性を向くものではないということを述べている。「このテーゼとともに、＜存在を否認されている＞という感受性そのものがあたかも道徳的に何か良きものであり、この良きものと結びつきうることで理論は社会におけるその自己正当化を果たすかのような印象がいだかれやすい。しかしこのような想定がどれほど誤ったものであり、またこの不当な経験が事実ではあってもどれほど両義的なものであるのかは、次の引用から明らかである（後略）」（アクセル・ホネット著、加藤泰史、日暮雅夫訳『正義の他者 —— 実践哲学論集 —— 』法政大学出版局、2013年、116頁）。

18) ホネットはこれを「正義の他者」と呼び、デューイ（Dewey, J.）を参照しながら、他者との協働の必要性を主張している（同上書、182頁）。

19) 学習集団研究を批判理論の対象とするという思考形式は、グルーシュカ（Gruschka, A.）の「否定教育学」の構想を参考にしている（Gruschka, A.: *Negative Pädagogik. Einführung in die Pädagogik mit Kritischer Theorie.* Wetzler: Büchse der Pandora, ²2004, S. 42）。

20) マイケル・W・アップル、ウェイン・アウ、ルイ・アルマンド・ガンディン編、長尾彰夫・澤田稔監修『批判的教育学事典』明石書房、2017年、15頁。

21) 里見実『パウロ・フレイレ「被抑圧者の教育学」を読む』太郎次郎社、2010年、54頁。

22) パウロ・フレイレ著、小沢有作他訳『被抑圧者の教育学』亜紀書房、1979年、34頁。

23) 同上書、204頁。

24) 同上書、65-72頁。「無知の疎外」については、パウロ・フレイレ著、里見実他訳『伝達か対話か —— 関係変革の教育学 —— 』亜紀書房、1982年、184頁。

25) パウロ・フレイレ著、前掲書、1979年、22-23頁。

26) フランツ・ファノン著、海老坂武・加藤晴彦訳『黒い皮膚　白い仮面』みすず書房、1998年、40-41頁。

27) 以下の文献を参照し、フレイレの教育論と重なる部分に限定して言及する。子安潤「対話的な関係・対話的な授業をつくる」岩垣摂・子安潤・久田敏彦『教室で教えるということ』八千代出版、2010年、67-88頁。子安潤「生成的学習集団への転換」広島大学教育方法学研究室　深澤広明・吉田成章責任編集『学習集団研究の現在Vol.1　いま求められる授業づくりの転換』渓水社、2016年、19-30頁。久田敏彦「アクティブ・ラーニングと学習集団研究」同上書、42-52頁。

28) 藤井啓之「私を支配するものからの解放としての学び」メトーデ研究会・子安潤・久田敏彦・船越勝編『学びのディスコース —— 共同創造の授業を求めて —— 』八千代出版、1998年、99-100頁。

29) マイケル・W・アップル「批判的教育研究の構想」アップル・長尾彰夫・池田寛編『学校文化への挑戦 —— 批判的教育研究の最前線 —— 』東信堂、1993年、7頁。

30) パウロ・フレイレ著、前掲書、1982年、110頁およびパウロ・フレイレ著、柿沼秀雄・大沢敏郎訳『自由のための文化行動』亜紀書房、1984年、36頁。

31) 里見実、前掲書、2010年、198-201頁。

32) パウロ・フレイレ著、前掲書、1984年、24-39頁。パウロ・フレイレ著、前掲書、1979

　　年、140頁。
33）パウロ・フレイレ著、前掲書、1979年、79頁。
34）パウロ・フレイレ著、前掲書、1984年、59頁。

　本稿は、JSPS科研費（21K13514ならびに22K02287）の助成を得たものである。

第2章

体育科教育と学習集団

　昨今、新自由主義的統治の浸透によって、子どもたちは他者とのつながりが見えなくなり、お互いにずたずたに断ち切られるような状況に立ち至っているという[1]。正解主義や同調圧力が学級を支配し、子どもたちは他者と「違うこと」や「わからないこと」を恐れ、自分の考えを表現したり挑戦したりすることを避ける傾向がみられるという報告もある[2]。さらに、新型コロナウイルスの影響による人間関係の疎遠化や希薄化、「GIGAスクール構想」や「個別最適な学び」による個別学習の推進といった外的要因が、子どもたちの分断に拍車をかけている。このような時代にあって、集団の教育力を生かし「わかること」と「生きること」の統一を目指す「学習集団づくり」という営みはますます重要なものとなっている。

　体育科教育における学習集団の問題は、戦後体育実践におけるグループ学習研究を出発点として現在まで議論されている実践的課題である。しかし、体育授業における集団が、はじめから「学習集団」として捉えられていたわけではない。また、「学習集団」としてのグループ学習論も、時代とともにその捉え方に変化がみられる。黒川によれば、これまでグループ学習論は、「体育科は何を教える教科か」という問いと「民主的人間形成」という課題との統一・止揚を巡る何度かの壁にぶつかりながら、これを乗り越えることで実践の内容と方法を発展させてきたという[3]。

　本稿では、第1節で主に学校体育研究同志会におけるグループ学習論の展開を参照しながら、体育科教育でどのような「集団づくり像」が描かれてきたのかについて概観する。そして第2節では、体育授業における「集団の質的高まり」をどのように分析・評価するかという問題に焦点を当て、近年の研究成果や今後の課題について述べる。

1　体育科教育におけるグループ学習論の展開

1）民主体育の探求と生活体育論

　グループ学習の出自を紐解くと、民主的人間形成を目指した1953年の学習指導要領（試案）に遡る。体育科の目標は「A．身体的目標、B．民主的態度の目標、C．レクリエーション的目標」に分けられ、そのなかで「B．民主的態度の目標」を重視し、団体的種目を教材とした異質構成員による分団学習は「B型学習」と呼ばれた。1953年要領は、民主的人間形成という目的に向けてひとまず目標—教材—指導法の一貫性が示された点において画期的なものであったが、異質グループの学習形態でドッジボールやポートボールなどの団体的種目を行えば民主的態度が育成できる、といった牧歌的な捉え方にとどまり、子どもたちが集団で学ぶことと、教科内容を学び取ることが内的必然性をもって捉えられていたわけではなかった。同時期に、丹下保夫は、正課の授業（教科学習）と体育行事、児童会やホームルームの時間（教科外活動）を有機的に関連させた「生活体育」のカリキュラムを求めて浦和市での実践研究に着手した。当時の「生活体育」は、「子どもの生活から導かれた学習課題を、彼らの自主的な学習活動によって解決させることを通じて、地域の生活と文化をつくりかえること」を目指したものであり、「子どもの生活の側から文化をつくりかえる」という思想を内包したものとされる[4]。丹下保夫はこの「生活体育論」を基盤とし、1955年に学校体育研究同志会（以下、「体育同志会」と記す）を創設した。しかしその後、系統主義に立つ1958年の学習指導要領、体力主義を標榜した1968年の学習指導要領の告示により、グループ学習研究は影を潜め、体育同志会でも技術の系統性研究が中心となっていく。

2）異質協同のグループ学習

　技術指導の系統性研究が進んだ1970年代に、出原泰明によって、「『うまくなる』だけでは集団は高まらない」、「『団結』だけではうまくならない」という問題が提起される。出原は自身の実践を批判的に振り返り、それまでの「励まし合いや高め合いなどの生活指導的発想によるものから脱却し、教え

合い、学び合いの集団＝学習集団としてこれを構想し、実践しはじめる」ようになったと述べる[5]。出原は折出健二など全生研の学習集団論に学びながら、教科学習における集団づくりは生活指導における集団づくりの方法を授業に持ち込むことではなく、「教科固有の認識方法を媒介とした学習集団」として組織されなければならないとした。教科固有の認識方法について、「体育の場合は、ひとまずそれは言語表現ではなく、身体表現が中心になるので、観察や比較でつき合わせることになる」[6]とし、技術認識を媒介として学び合うための相互観察・分析・総合という学習行為、相互観察を可能にするためにでき具合を可視化する教具など、「異質協同のグループ学習」の要件を授業論として具体化していった。

　出原は、図1のような「技術の傾斜」を示すなかで、「技術学習の中に、自分と、上手な者、下手な者を正しく位置づけることが体育学習には欠かせない」と述べた。自分より下手な者への観察・分析を通して「彼のどこが悪いのか、どんな欠点なのか、どこをどうすれば次の段階に達することができるのか」（過去と現在）を考えることや、自分より上手な者の動きを分析し、「自分はどうすればそのレベルに達することができるのか、自分の今の欠点はどこなのか」（現在と未来）を学びとること。そして「自分はどうしてできるようになったかを照らし合わせて総合する」ことによって、事実と事実の関連を学び、事実と全体像（技術の系統性）を学ぶことができると述べた[6]。つまり、子どもたちは「ともに学び合う共通の内容」を追究するなかで、自分の動きと仲間の動きの観察・分析を通して、自分の動きの実態や課題を把握したり、課題の解決に向けた方法を見つけたり、仲間の動きを手掛かりに運動を修正したりすることができる。さらに、運動技術の分析・総合といった学習の過程で、個別の技術ポイントの知識だけでなく、それらを関連付けた運動技術の全体像を学びとることもできるのである。このように、1970年代後半以降、体育のグループ学習は「技術と集団」を一元的に捉え、「技術認識を媒介とした異質協同のグループ学習」として捉え直されたのである。

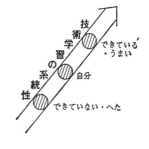

図1　技術の傾斜[6]

3）スポーツの主体者形成と「観」の変革

　1990年代に入ると、1989年の国連総会で「子どもの権利条約」が採択されたことを契機として、「学習の主人公としての子ども」や「スポーツの主体者形成」が議論されるようになる。出原は、異質協同のグループ学習を通して、「みんながうまくなる」ことの喜びや感動がわかる、「みんながうまくなる」方法がわかる、そして「みんながうまくなる」社会的意味がわかるというグループ学習の発展段階を示すとともに、「習熟と認識の変革過程を学習対象にする」という実践課題を提起した。これについて出原は、「『なぜ、どのようにしてできるようになってきたのか』を対象化・客観化することにより、そこで学んだことが次に学ぶべきところにどのように結びついているのかがわかる。つまり学習の次の課題への接点や連続

図2　3ともモデル[9]

性・発展性が見えてくるのである」と説明している[7]。「スポーツの主体者形成」のためには、「みんながうまくなる」ことを教師の手で実現するのでは十分でなく、「みんながうまくなる」ための学び方や価値をも子どもたちのものにしていくことが課題となる。さらに、そのような学習の過程自体を学習対象とすることで、「できる」「できない」は発達過程の一時的なものにすぎず、「誰もがうまくなる可能性を持った存在である」といった能力観・人間観にも迫ろうとしている。

　2000年代になると、「単純にうまい－へたという違いだけでなく、強い－弱いなどなど子どもたちが授業に持ち込んでくる関係や彼らのものの見方・感じ方・考え方が教科内容をめぐる対話の中でどのように表現され、それらをどのように絡め合わせながら対話を成立させたのか、そして学習を通じてかれらのものの見方・感じ方・考え方や関係がどのように変化したのか」[8]を含めた実践の検討が進められていく。スポーツの楽しみ方や競い方についての見方・考え方（スポーツ観）、自分や仲間の能力や発達可能性についての見方・考え方（能力観）など、技術や戦術を追究する過程で、子どもたちが

持つ「観」を引き出し、揺さぶり、変革していくことが課題とされていく。
2003年に、体育同志会では、スポーツの主体者形成を育てるための実践的課題が「3ともモデル」として提起される[9]。図2の「3ともモデル」は、体育同志会の教科内容研究の成果である体育の「技術的内容」、「組織的内容」、「社会的内容」に対応させて、「ともにうまくなる（技術の分析と総合）」、「ともに楽しみ競い合う（メンバーの合意形成）」、「ともに意味を問い直す（スポーツ観・世界観・人間観の反省的交流）」という実践的課題を図式化したものである。

　さらに近年、子安の「生成的学習集団への転換」[10]や、石井の「教科の本質にふれる授業」「教科する授業」[11]といった授業観を汲み入れた新たなグループ学習の授業モデルが提案されている（図3）。ここでは、子どもたちの生活経験や学習経験によるさまざまな「違い」の把握を出発点とし、「ともにうまくなる」「ともに楽しみ競い合う」学習のなかで生じる矛盾や葛藤を顕在化させるような「問い」を投げかけること、また、顕在化した矛盾や葛藤を子どもたちとの対話を通して意味づけ、さらに「問い直し」て、学びの現実性と切実性をもった学習対象（学習課題）として立ち上げていくこと

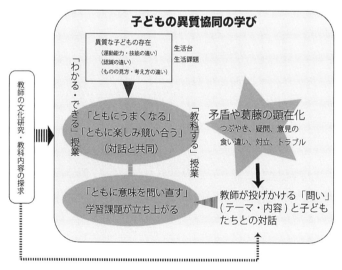

図3　学習集団としてのグループ学習の授業モデル[12]

の重要性が示されている。そのために森は、「子どもの視点で文化や科学を探究することと、子ども理解を文化や科学の問題と絡めて深めることが教師に求められる」と述べている[12]。

2　集団の質的高まりをどう分析するか

1）感想文分析を超えて

　前節では体育科教育における学習集団としてのグループ学習論の展開を紐解いてきた。時代とともに、一般教育学の知見に学びながら授業づくりの理論と方法を深化・発展させてきたのであるが、それと併せて、授業分析の方法も重要な研究課題となっている。2011年に神谷は、「グループ学習によって集団の『何が』『どのように』高まるのか？」といった問題を提起する。これまでの実践記録では「みんな」が「できるようになった」ことが報告されてきたものの、「みんな」の中身、つまり授業のはじめの「みんな」と終わりの「みんな」はどのような点で違いがあるのか、その過程において「みんな」にどのような変化があったのかについては十分に報告されていない、という指摘である[13]。子どもの感想文、特に単元終了時の子どもの記述を以て集団的学習の成果を示すのではなく、①時数、②その時間のねらい、③グループの練習内容・方法、④抽出児の様子、⑤メンバーのはたらきかけ、⑥メンバーの変化、⑦教師のはたらきかけ等を項目にして横に並べて表にする「MRI」（グループ学習の断面写真）を作成し、単元を通した技術学習の過程と集団の高まりを複眼的に分析・考察する方法が提案された。MRIを用いた分析について山本は、MRIにすることで個人の変化がグループに影響を与えたことが読み取れる、という成果を報告すると同時に、膨大な作業の大変さを報告している[14]。

2）豊かな分析概念を求めて —— 文化歴史的活動理論との対話 ——

　前述した神谷や黒川の指摘[8)13)]を受けて、「子どもたちが授業に持ち込んでくる関係」や「彼らのものの見方・感じ方・考え方」を含めた分析概念を検討する必要があった。そこで筆者は、庄井良信の「談話（discourse）分析」[15]の方法に着目した[16]。そこでは、J.V.ワーチの「社会文化的アプローチ」

に基づく「二重に媒介された行為」の理論が示され、子どもの発話の「意味（sense）」を社会文化的文脈のなかで捉えることや、授業における認識過程と交流過程を相互媒介的に捉えるというアイディアは、「技術と集団」の相互媒介的な高まりを目指したグループ学習の分析に大きな示唆を与えた。山本らは、ワーチの「アプロプリエーション」[17]概念を、言語を介した認識過程だけでなく、表情や身振りなど非言語を介した感情過程を含めた概念として定義し、体育のグループ学習の分析を行った[18]。

　その後、「スポーツの主体者形成」や「観」の変革がグループ学習の課題になってくると、一つの単元を通した「技術と集団」の変化だけではなく、1学期間や1年間、場合によっては3年間など長期の見通しとともに実践が報告されるようになっていく。また、特定の個人や小集団の変化だけでなく、学級集団全体としてどのような変化がみられたのかを検証することも課題となっている。運動文化の学習を通して、子どもたちにどのような矛盾や葛藤が生じるのか、またそこからどのような「ともに意味を問い直す」学習課題が立ち上がっていくのか。そうした実践的課題を分析・検証する概念として、筆者らは、図4に示すY.エンゲストロームの「活動システムモデル」[19]に着目し、事例研究を行った[20]。このモデルを援用することによって、「主体―道具―対象」という技術や戦術の学習過程における、「主体」と「共同体」を媒介する「ルール」や、「共同体」と「対象」を媒介する「分業」といった諸要素を一体的・相互関連的に描き出すことができる。そこから、矛盾がどの要素内、あるいは要素間で生じているのか、さらには他の活動システム

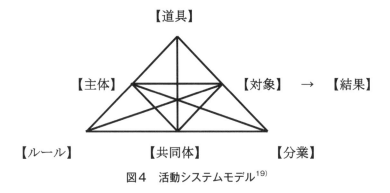

図4　活動システムモデル[19]

との間に生じているのかなどを分析する。子どもたちの能力観や人間観といった側面は、活動システム内における「ルール」（暗黙的な規範・慣習）や「分業」（垂直的関係・水平的関係）として捉えることができ、それらの変化や変化に影響を与えた要因を、他の諸要素との関連のなかで分析するのである。

　以上のように、体育科教育の学習集団としてのグループ学習研究における授業分析の方法もまた、一般教育学や他の教科教育学の研究成果に学びながら深化・発展を続けている。今後、子どもたちの発達段階や、扱う運動文化の特性によって、矛盾がどのように生じるのか、その解決のためにどのような方法が用いられるのか、事例研究を重ねて整理していく必要がある。

註

1）折出健二「生活指導の基礎と他者概念」『愛知教育大学研究報告. 教育科学編』第65巻、2016年、203-211頁。
2）久我隆一「みんなが楽しめる競争を目指して」『学校体育研究同志会2022年武蔵野大会提案集』、2022年、181-184頁。
3）黒川哲也「同志会グループ学習の特徴と今日的課題」『たのしい体育・スポーツ』第41巻第1号、2022年、40-45頁。
4）前掲書3）40頁。
5）出原泰明『技術指導と集団づくり』ベースボールマガジン社、1978年。
6）出原泰明『異質協同の学び－体育からの発信－』創文企画、2003年。
7）出原泰明『体育の授業方法論』大修館書店、1991年。
8）黒川哲也「グループ学習論再考－教科指導と生活指導の還流－」『運動文化研究』23号、2005年、46-56頁。
9）学校体育研究同志会教育課程自主編成プロジェクト編『教師と子どもが創る体育・健康教育の教育課程試案1』創文企画、2003年、187頁。
10）子安潤「生成的学習集団への転換」深澤広明・吉田成章編『いま求められる授業づくりの転換』溪水社、2016年、19-30頁。
11）石井英真『授業づくりの深め方』ミネルヴァ書房、2020年。
12）森敏生「これからの学習集団としてのグループ学習の授業」『たのしい体育・スポーツ』第41巻第1号、2022年、6-9頁。
13）神谷拓「グループ学習で集団の『何が』『どのように』高まったのか？」『学校体育研究同志会2011東京大会提案集』、207-210頁。
14）山本敦子「大阪支部GGP（グループ学習プロジェクト）で、考えてきたこと」『たのしい体育・スポーツ』第38巻第2号、2019年、50-55頁。
15）庄井良信・邑岡美和「授業分析における臨床的アプローチ－J.V.ワーチによる"sociocultural approach"を手掛かりに」『広島女子大学家政学部紀要』第28号、1992

　　　年、35-58頁。
16）加登本仁・大後戸一樹・木原成一郎「小学校低学年の体育授業における学習集団の形
　　　成過程に関する事例研究」『体育学研究』第54巻第2号、2009年、405-423頁。
17）J.V.ワーチ：佐藤公治ほか訳『行為としての心』北大路書房、2002年。
18）山本穂波・八田篤司・加登本仁「中学校マット運動の授業における『対話的な学び』
　　　に関する事例研究」『滋賀大学教育学部紀要　教育科学』第68号、2018年、23-37頁。
19）ユーリア・エンゲストローム：山住勝広ほか訳『拡張による学習』新曜社、1999年、
　　　79頁を一部改変。
20）加登本仁・大後戸一樹・木原成一郎「小学校体育科のボール運動の授業における学習
　　　集団の形成過程に関する事例研究－エンゲストロームの活動理論を手がかりとし
　　　て－」『教育方法学研究』第39号、2014年、83-94頁。

　　本報告は、科研費（22K11648）の助成を受けたものである。

（加登本　仁）

跋 「学習権の自覚」と「わからない」発言 —— 源流を尋ね展望をひらく

　本シリーズ「学習集団研究の現在」も第４巻を刊行できることになった。振り返れば、第１巻が2016年９月、第２巻が2018年３月、そして第３巻は2020年６月の刊行だった。その都度、渓水社の木村逸司社長や木村斉子さんには、紆余曲折しがちな編集作業に粘り強くも寛容に付き合っていただき、広島の地から本シリーズの刊行を継続していただいていることに感謝しかない。

　思えば、第３巻が刊行される直前の２月に首相からの「臨時休校要請」が出され、2020年３月から学校現場は、「新型コロナ」対応に追われてきた。この３年間、どのような困難な状況にあっても、「子どもたち一人ひとりの学習権を保障する」ことをベースに取り組んできた学習集団の教育実践や教育研究は止まることなく深められてきた。わが国の教師たちは、状況が困難であればあるほど様々に工夫し、闊達に教育実践に取り組んできた歴史を有しているのだと思う。教育研究も「新型コロナ」対応への学問的応答にはじまり、その後に普及する「一人一台タブレット」の授業研究に直面するなか、あらためて「学校とは何か」「授業とは何か」といった「教育のあり方そのものを見つめ直す」ような研究へと深化せざるをえない時代を迎えている。本巻は、そうした「現在」への理論的、実践的な応答の書である。

　さて、本書が刊行されて迎える2023年度は、５月より「新型コロナ」対応が「インフルエンザ」並みに引き下げられそうである。そのことでまた新たな課題や困難に教育現場は直面することになるだろう。そのためにも、「教育のあり方そのものを見つめ直す」姿勢や「子どもたち一人ひとりの学習権を保障する」視点を、学習集団の源流でもある広島県庄原・比婆地区の「集団の教育」をリードした山内中学校の実践に立ち戻り確認しておきたい。山内中学校の取り組みの特徴について、指導主事として当時かかわり、後に安田女子大学教授となった高場昭次は、広島県で同じく小集団学習の実践に取り組んでいた賀茂川中学校との違いとして次のように述べている。

　「山内中学校が創造しようとした授業と、小集団学習とのちがいは、どちらも集団の教育的ちからを生かそうとした点では共通していますが、その相異点は、生活と学習の両側面をとおして、規律と連帯の集団を組織し、授業や生

活へ主体的に取り組む学級の力を育てることによって、ひとりひとりの子ども
に学習権を自覚させ、たしかな学力、差別を絶対に許さぬ人間を育成すること
に務めようとしたことです。ですから、小集団学習でいう単なる学習の形態、
方法の問題ではなかったのです。」（高場昭次『いま、学級・授業をかえるには
—— 集団の美・学級の規律と授業の創造 ——』ぎょうせい、1982年、232 ～ 233頁。）

　ここで述べられている「子どもに学習権を自覚させ」ということについて、
山内中学校を会場の一つとして1967年10月に開催された全国授業研究協議会
の第４回全国大会の報告書において、小川太郎は「学習権の自覚 —— 高校
全入運動とグループ学習」の節を設けて次のようにまとめている。

　「もう一度ふりかえって見るならば、この変化は、父母と教師が高校学区
再編に対して反対して運動を展開した時期と重なって起こっている。教師の
意識としては、中学区制になると進学が難しくなるのではないかとの不安を
訴えた部落の母親のことばから、教育の主体が誰であるのかに目を開かれる
ということがあった。そうした教師と父母との前進運動の中で、子どもたち
も自分たちの要求を出しはじめ、学習のために手をつないで、学習権を保障
する授業の形態について提案するようになったのである。」（小川太郎「広島
県庄原・比婆地区における集団教育の展開」全国授業研究協議会編『授業の集団化』
明治図書、1968年、28 ～ 29頁。）

　小川は、学校と地域の連携による「教育集団の形成」というより広い視点
から「学習権の保障」を、地域の教育運動を背景とする、あるいはそれと結
びついた子どもからの「学習要求」として評価する。一方、この地域の教育
運動を「授業の遠景」として捉える砂沢喜代次は、「土着の思想と授業研究」
の節を設けて、次のように述べている。

　「それでは、『授業の遠景』として考えられるこの地域の土着の思想とは何
か。それは高場昭次氏がまとめられた『集団の教育』の実践と、その背景と
しての『同和教育』の思想である。だが、この思想を生み出したものをさら
に追求すれば、それは『生活綴方教育』の伝統であろう。吉本均氏の言葉を
借りれば『子どもたちひとりひとりの個性的真実や主体的な生き方にまで
迫っていける授業にするためには、どうしても子どもたちの背負っている「生
活台」を問題としなければならなかった。〔…略…〕

　この地域の教師たちは、生活意欲さえ失いかけている『底辺の子どもたち』

が、学校や学級での学力テストによる順位競争や上級学校への進学準備の教育によって、さらに選別評価される体制に抵抗して、子どもたちの要求を解放し、それを組織的に実現していく生活綴方教育から次第に人間の差別を撤廃する『同和教育』の実践へ、さらにそれを可能ならしめる子どもたちの学習権を全員に保障する『集団の教育』の創造へと進んでいった。」（砂沢喜代次「授業の組織化とその実証の典型」同上書、187〜188頁。）

このように第4回全国大会に参加した研究者から「学習権の保障」という視点から評価される山内の教育実践について、高場自身は「学習集団づくり」の立場から、授業における生徒たちの具体的な動きや態度として現れる姿を「学習権の自覚」として評価する。

「この学校の授業の特徴を、ひと口で申しますと、教師と生徒集団のちからの合作によって、授業が創られていたということです。授業に参加する子どもたちは、文字どおり『学習の主人公』としての自覚意識に立っていました。〔…略…〕

山内の授業は、子どもたちが、授業をごまかさず、主体的に取り組むことが、まさに自分たちのしごとだという自覚に立って、教材と対面していました。教師は、また、そのことを、つねに子どもたちに要求していました。子どもたちは、授業中、わからないことがあれば、『わからないから、もう一度教えて下さい』ということを、みんなの前で、はっきりと教師に要求していました。また、子どもたちは、授業の進行過程で、班員同士で班長を中心に、『わかったか』の確認のささやきをし合い、授業をごまかすことを絶対しないよう努力していました。」（高場、235〜236頁。）

ここで述べられている「文字通り『学習の主人公』としての自覚意識に立って」「子どもたちが、授業をごまかさず、主体的に取り組むこと」として現れる子どもたちの姿、あるいは授業を「自分たちのしごとだという自覚に立って」教材と取り組む子どもたちの姿として、「わからないから、もう一度教えてください」という教師への要求として「わからない」発言が位置づけられ、班で「確認のささやき合いをし合い、授業をごまかすことを絶対しないよう努力して」いる子どもたちの姿が描かれる。しかし今時、ここに描かれるような「わからないから、もう一度教えて下さい」と、教室のみんなの前ではっきり言うことは、はばかれることではないのか。ましてや「そのこ

とを、つねに子どもたちに要求して」いた時代と、今の教師が置かれた状況
は大きく違うと開き直りたい気持ちになるのではないか。さらに、教師が一
方的に要求ばかりして子どもが萎縮することを危惧する声も聞こえてきそう
である。歴史的な実践を今日的な視点から評価すれば、時代の制約があるに
しても、問題点を指摘せざるをないことも多い。もちろん、問題点を指摘す
ることで、これからの教育のあり方として学ぶべき点も多くある。

　しかし、授業で「わからない」が言えないまま、授業が「わからない」の
は自分の方に責任があると自ら学ぶことをあきらめ、自己否定しながら（自
己を傷つけながら）授業をごまかし続けている子どもたちを目の前にして、「わ
からない」と心も身体も解放されて声に出せるような教室にしていきたいと
教師が願うなら、そうした子どもが教師として「気になる」のなら、求めら
れる教育実践は、「わからない」自分を「ごまかさない」、自分で自分を卑下
しない、安心して「助けて（ヘルプ）」の言える子どもが育つ教室をつくり
だしていくことになる。それは山内の時代にもまして、今こそ求められる喫
緊の課題ではないか。そのためには、授業における「わからない」発言の意
味や役割を「現在」において、あらためて問い直すことが必要である。

　授業で「わからない」発言にこだわることは、授業で「わからない」「で
きない」ことによって「個人の尊厳」を傷つけられ、人間としての誇りを奪
われている子どもの尊厳や誇りを取り戻す取り組みでもある。2022年は、「水
平社宣言」100周年の年でもあった。あらためて「人間を尊敬する事によっ
て自ら解放せんとする」思想の今日的な意味をふまえて、日々の実践のあり
ようを具体的に展望していきたいと思う。誰一人残さず「わからない」と言
える主体として育てるために安心して発言できる教室にしていくという学級
づくりや授業づくりが必要であるだけでなく、「わからない」と言えない子
どもの声に「寄り添う」ことで、その子どもの主体や居場所を回復する、あ
るいは「個人の尊厳」を取り戻す回路を開くところから始める教育実践に取
り組むべき時代なのだと思う。今後も時代に対応しながら、学習集団研究の
「現在」を展望していきたい。

　2023年2月

（深澤　広明）

執筆者一覧（執筆順）

吉田　成章（よしだ　なりあきら）　広島大学
山本　敏郎（やまもと　としろう）　日本福祉大学
長澤　憲保（ながさわ　のりやす）　兵庫教育大学名誉教授
小柳和喜雄（おやなぎ　わきお）　関西大学
田代　高章（たしろ　たかあき）　岩手大学
谷口　知美（たにぐち　ともみ）　和歌山大学
早田　正彦（そうだ　まさひこ）　長崎県公立小学校
樋口　裕介（ひぐち　ゆうすけ）　福岡教育大学
相川　悟司（あいかわ　さとし）　広島県公立中学校
金山　卓史（かねやま　たくじ）　和歌山県公立高等学校
松尾　奈美（まつお　なみ）　島根大学
阿蘇真早子（あそ　まさこ）　広島大学大学院
藤原　由佳（ふじわら　ゆうか）　広島大学大学院
松浦　悟史（まつうら　さとし）　宮崎県公立小学校
竹内　　元（たけうち　げん）　宮崎大学
松田　　充（まつだ　みつる）　兵庫教育大学
佐藤雄一郎（さとう　ゆういちろう）　大阪青山大学
加登本　仁（かどもと　ひとし）　安田女子大学
深澤　広明（ふかざわ　ひろあき）　安田女子大学

学習集団研究の現在　Vol. 4

授業研究を軸とした学習集団による学校づくり

2023年3月29日　発　行

編　者　深澤広明・吉田成章
発行所　株式会社　溪水社
　　　　広島市中区小町1-4（〒730-0041）
　　　　電話082-246-7909　FAX082-246-7876
　　　　e-mail: contact@keisui.co.jp
　　　　URL: www.keisui.co.jp

ISBN978-4-86327-623-9 C3037